Slowakei

urg Straubing

Kloster Weltenburg

Passau

Linz

Dürnstein Krems
Grein

Ypps

○ *Kloster Melk*

Wien

Bratislava

Österreich

Ungarn

Jugoslawien Serbien

Mittel- meer

Eva Demski
Mama Donau

Schöffling & Co.

Für den Hans

(1903–1984)

Erstausgabe

Erste Auflage 2001
© Schöffling & Co. Verlagsbuchhandlung GmbH,
Frankfurt am Main 2001
Alle Rechte vorbehalten
Satz: Reinhard Amann, Aichstetten
Druck & Einband: Pustet, Regensburg
Karte: Karin Wirth, Bad Wurzach
ISBN 3-89561-574-9

»Ja wirklich, es ist wahrhaftig derselbe Strom,
der mich schon immer durchfloß,
und tatsächlich bin ich, gebeugt und bucklig,
noch immer dasselbe Instrument.
Wie ist das möglich?«

Czesław Miłosz

Inhalt

Mama Donau

Sie hat es eilig

Sie hält sich nicht auf, höchstens, um schnell etwas zu verschlingen, es kommt ihr nicht drauf an, was. Schafe, Ziegen, Uferbäume, ein Stück Altstadt und besonders gern kleine Kinder. So hat mans uns jedenfalls erzählt, und daß es nur eine Möglichkeit gäbe, wieder herauszukommen, wenn man hineingefallen und in die Strudel geraten ist: Ihr nachgeben, sich totstellen, dann verliert sie die Lust und speit einen wieder aus.

Ich habe mir immer das Geräusch vorgestellt, das entstehen mag, wenn die Donau Kinder einschlürft – ungefähr wie wenn man mit dem Strohhalm auf dem Grund eines Eisbechers angekommen ist und den Rest rauszuzelt, was die Erwachsenen nicht gern hören. Nur lauter. Aber angst hat sie mir nie gemacht, und daß ich beim Schwimmenlernen in der Donau so gebrüllt habe, war, weil es ein kalter Sommer gewesen ist und ich den Schwimmlehrer mit seiner Angel gehaßt habe. Er hieß Hölzl, was für einen Schwimmlehrer ein guter Namen ist.

In einer amerikanischen Illustrierten hatte meine Mutter gelesen, man sollte schon Kleinstkindern das Schwimmen beibringen. Das tat sie, eingedenk der Gefräßigkeit des Flusses, aber sie war grade frisch befreit und konnte nicht so gut Englisch, deswegen hat sie überlesen, man sollte das in *warmem* Wasser tun. Sie hätte mir das Schwimmen fürs Leben verleiden können, aber nichts war: Ich wurde flußsüchtig und bin es geblieben.

Die Schwimmpontons in der Donau rochen nach warmem Holz und Karbolineum, der Fluß selber nach grünem Moder, Schlamm und ein bißchen nach Fisch, ein schattiger Geruch. Die jungen Frauen lagen vor ihren Badehütten, ganz kühne in zweiteiligen Badeanzügen, und sprachen vom Braunwerden und von ertrunkenen Kindern. Braun war die Donau von mitgerissenem Schwemmland, und Baumstämme trug sie eilig vorbei, die auf den Wellen Bewegungen machten wie bockende Rösser. Wir Kinder saßen in unseren Sandkuhlen am Ufer, gruben Kanäle, die sich rasch mit dem dunklen Wasser füllten, manchmal geriet ein unglücklicher Stichling in unser Hafensystem, das war toll. Wir erwogen, ob man ihn braten sollte oder mit ihm neue Fische züchten, ob man ihm das Springen beibringen könnte und wie lang er an Land leben würde, bis meine Mutter oder irgendein anderer Erwachsener kam und mit der Handkante einen Zugang ins offene Meer haute. Dann waren wir beleidigt, schauten dem Fisch hinterher und warteten auf vorbeitreibende Wasserleichen.

Die Badeanstalt war ein kilometerlanges Uferstück an der Donau, nicht weit außerhalb der Stadt Regensburg, und sie hieß »die Milli«. Gemma in d'Milli. Man belud

Körbe und Strohtaschen, Fahrräder und Bollerwägelchen und zog jeden Nachmittag in d'Milli. Manche hatten Häuserchen am Ufer stehen, nicht einfach Hütten, sondern richtig sündig ausstaffierte Lauben mit bunten Stoffbespannungen an der Wand und Kissen auf den Feldbetten. Wir hatten auch so ein Luxushüttchen, gelb, und an den Wänden war eine Art Tüll gespannt, den jemand mit riesigen Sonnenblumen bemalt hatte. Es gab eine kleine Terrasse und Blumenkästen. Die Flaschen mit weißer Limonade, die man Kracherl nannte, wurden an Schnüre gebunden und in den Fluß gehängt.

Viele Jahre später erfuhr ich den richtigen Namen der Milli, die nämlich eigentlich Militärschwimmschule hieß, und noch später holte sich die Donau unser gelbes Sommerhaus und trug es eilig davon. So war sie, so ist sie immer noch. Erst kurz vor Wörth, hieß es, hätten sie ihr das Haus wieder entreißen können, aber da sah es traurig aus, und der Sonnenblumentüll war nur noch Erinnerung. Sie ist ein Weib, die Donau, und neidisch.

Wieder in einer Zeitung, diesmal gewiß nicht in einer amerikanischen, hatte meine Mutter gelesen, daß dünne Mullbinden eine guter Ersatz für Häkelwolle seien, und so häkelte sie sich einen Bikini. Die nannte man damals, glaube ich, noch nicht lange so, und sie sah prachtvoll aus, meine dunkelhäutige, schwarzhaarige Mutter in ihrem weißen Zweiteiler. Leider ist sie ganz arglos damit in die Donau gegangen, und die verwandelte das schöne Badekostüm in eine sich schnell und spurlos auflösende weiße Wolke. Wie weiland die keusche Jagdgöttin Diana wartete meine entblößte Mutter hinter irgendwelchem Wurzelwerk im Wasser, bis ihr jemand einen Kittel oder einen Bademantel geholt hatte, aber das nützte nichts. Die Regensburgerinnen hatten die nächsten Wochen was zum Tratschen, das taten sie bös und ausgiebig und trösteten sich damit drüber weg, daß sie fett und nicht so schön, braun und fremdartig waren wie meine Mutter.

Wer in einem Fluß schwimmen lernt, kann es anschließend. In irgendsoeinem türkisgrünen Becken, das ist ja nichts. Da lernt man es nicht besser als eine Gummiente. Weil: Schwimmen kann man erst richtig, wenn man weiß, was eine Strömung ist. Und daß man die nicht besiegen, sondern nur benutzen kann. Und wenn man aushält, daß man nicht ahnt, was alles unter einem ist, Lebendes und Totes. Die Donau bringt einem das bei, gleichmütig und gründlich. In der Milli mußte man am Eingangstürchen ins Wasser, damit man ein bißchen Strecke vor sich hatte, bis man dann an der Liegewiese und den paar Duschen ankam, ungeduldig vom lehmigen Wasser mitgerissen.

Quer hinüber auf die andere Seite kamen nur Männer, und längst nicht alle. Einfach reingehen und ein bißchen herumpritscheln ließ sie einen nicht, da war man schneller aus der Stadt draußen, als einem lieb war. An manchen Bäumen hingen feste Stricke, damit man sich unter sich durchrauschen lassen konnte, ohne abhanden zu kommen. Wir lernten erst den sogenannten

Hundsdabler. Es war eigentlich unter unserer Würde, mit den Vorderpfoten zu paddeln wie Hunde, das heißt wie die Hunde anderer Leute. Unser Hund war furchtbar wasserscheu, ein großer, kräftiger Boxer, der am Ufer heulte, hin- und herrannte und fremde Männer dazu veranlaßte, uns zu retten. Er hat der Donau nie getraut, Hundsdabler hin oder her, nur abends mochte er Uferspaziergänge gern. Da gingen wir nicht in die Milli, sondern auf die Schillerwiese, und die grüne Dämmerung senkte sich sacht über den Fluß. Seine, nein ihre Ufer waren dicht bewachsen mit allerlei Büschen, und die interessierten unseren Hund sehr. Immer wieder fand er dort interessante Gegenstände, die er mit nach Hause nehmen konnte, Taschen, Flaschen, Tüten und einmal einen rosa Satinbüstenhalter von jener Art und Größe, die man früher auf Jahrmärkten kaufen konnte. Er trug das wunderbare Dessous triumphierend in der Schnauze und ließ es sich für nichts in der Welt abjagen. Die Donau hat leise und hämisch gelacht, und ich wartete, bis es ganz dunkel war, um den Hund und seine Trophäe ungesehen nach Hause zu bringen.

Aber in den Gassen unten an der Donau ist viel Leben, und die jungen Regensburger Herren waren sehr einfallsreich: Fräulein, is des Eahnara? Kannte ich ja schon, aber da hatte ich immer nur den Hund dabei. Jetzt meinten sie nicht den Hund.

In den Büschen an der Schillerwiese sind unter dem Gelächter der Donau viele kleine Regensburger gemacht worden. Um die Bräute zu beeindrucken, sprangen die Buben von der Steinernen Brücke, ungerührt vom Bruckenmanndl übersehen, und manche haben die Mutprobe nicht überlebt. Das Bruckenmanndl schaut zum Dom hinüber, und die Steinerne Brücke war für mich immer die schönste Brücke der Welt. Unzerstörbar schaut sie aus, dieses Herz Regensburgs, der Gürtel der Donau. Ihre Fundamente, große, steinerne Füße, die wie Schiffe geformt sind. Ein wenig steigt sie an, sie ist nicht grade, ihr Scheitelpunkt liegt nicht in der Mitte, nichts weiß sie von der Diktatur, unter der die Neuzeit schmachtet: Der des rechten Winkels. Sie ist eine Brücke, keine über den Fluß gelegte Straße.

Wenn nur immer alle gewußt hätten, wie schön sie ist! Dann müßte man jetzt nicht, wenn man im Spitalgarten sitzt, über so einen furchtbaren Beton-Wurmfortsatz wegschauen, den sie ihr in die Seite gebaut haben. Aber sie hat schon viel ausgehalten, die Brücke, und auch den werden sie ihr wieder wegoperieren.

Die Donau schert sich sowieso nicht um die Bauwerke, mit denen man ihr in den Jahrhunderten und Jahrtausenden zuleibe gerückt ist, sie läßt sie eilig hinter sich, beißt da und dort ein Stück weg, unterspült was, schmeißt Kiesel hin, weicht aus. Inseln hat sie und Altarme, es waren auch große Auwälder da, für deren Rest brauchts vielleicht bald ein Museum. Schnell ist sie, schnell. Mir schien immer, sie sei einer der eiligsten Flüsse, die ich kenne. Und damit man nicht traurig ist über ihre große

Gleichgültigkeit den Menschen gegenüber, läßt sie hier und da was von sich zurück, träge Flußreste mit undurchsichtig dunklem Wasser, in dem die gelben Köpfe der Mummeln stehen und Molche schwimmen.

In Stadtamhof war die Dult, die ist immer noch da, aber jetzt haben sie auch den Kanal, jenes dümmste Bauwerk seit dem Turmbau zu Babel, wie Dieter Hildebrandt ihn nannte. Die sprichwörtlichen Wogen, die der Bau geschlagen hat, sind verebbt, und jetzt ist schon wieder die Rede vom Donauausbau, damit irgendwelche riesigen Containerverbände sie passieren können. Unter der Steinernen Brücke paßt sowieso nur Kleinzeug durch.

Unter dem zweiten Bogen hat sich meine Cousine durchzuschwimmen getraut, da ist der Strudel noch nicht so stark. Schwimmen im Fluß, das heißt immer Mutprobe und Größenwahn, und die Schulzeit war getränkt mit Geschichten über Siege und Niederlagen in der Donau. Auch Todesgrusel lieferte sie, so die Geschichte des Sohnes von jemandem, den man kannte, weil bei uns die ganze Stadt sich kannte bis zurück zu den Urgroßeltern: Der bedauernswerte Sohn, der Stammhalter, war in einen rostigen Rechen getreten, unter Wasser, auf der Höhe der königlichen Villa (aber das war nur einer von einem Dutzend Orten, die man sich erzählte) – und jetzt geht die Geschichte wieder auseinander, bildet gleichsam Altarme und stille Stellen. Kurzerhand ertrunken sei der Bub, so die einen. Weil er nicht schwimmen hat können, so die anderen. Eine Blutvergiftung habe ihm ein Ende gemacht, das Donaugift in der rostigen Wunde, nach furchtbaren Wochen!

Was wirklich gestimmt hat, läßt sich heute nicht mehr herausfinden, aber tot war er, und die Donau hatte schuld. Was gilt ihr schon ein Kind, eine Schafherde, ein ganzes großes Heer? Seltsamerweise ist nicht von Schätzen, sondern nur von Totem auf ihrem Grund die Rede. Oder kann man sich ein Donaugold vorstellen?

Ich erinnere mich an die Märkte am Ufer, blutige, stinkende, wunderbare Märkte. Der Fischmarkt mit den steinernen Trögen, durch die das Wasser floß, erst rot, dann rosa, dann klar. Schuppen wie Silbermünzen auf dem Pflaster, auf denen man ausrutschte. An Ostern die Lämmer, denen noch zwei Stunden zum Spielen blieben, zum Spielen mit uns Kindern. Wir wußten Bescheid. Lamm rühre ich bis zum heutigen Tag nicht an. Der scharfe Radi, vollgesogen mit Donauwasser, aus Weichs. Dreckige Kartoffeln, krumme gelbe Rüben, warzige Gurken. Auf Geschirrhandtüchern ausgebreitete Steinpilze und Walderdbeeren. Richtiges Essen, dem man die Mühsal ansah und das einem ein schlechtes Gewissen machte, weil man sich nicht dafür hatte bücken müssen und schwitzen, sondern nur den Geldbeutel herausziehen. Heute sind dort die Märkte so voll buntem Dekorationsmaterial wie überall, und man braucht sich nicht mehr zu schämen. Sogar die Blumen, die damals in alten Gurkeneimern angeboten wurden, hatten nichts leichtfertiges oder heiteres. Irgendwie erinnerten sie einen an Friedhöfe, obwohl sie bunt und bäuerlich waren, Bündel von struppigen Nelken und im Frühjahr dicke Sträuße von Traubenhyazinthen, die nach Zitronenwasser rochen.

Vor den Marktfrauen haben wir Kinder uns immer ein bißchen gefürchtet, sie wurden schnell bös, besonders die dürren. Sie regierten keinen Überfluß, und der Markt war nicht, wie wir das heute kennen, gegen Ende genauso voll und üppig wie am Anfang. Die Kunden stritten sich um Waren, die Marktweiber feuerten sie an. Man riß sich ein besonders fettes Hendl aus den Händen, denn es war eben nicht eins wies andere, und wenn Steinpilze oder Himbeeren aus waren, dann hatten Wald und Hecken halt nicht mehr hergegeben.

Manchmal rückte die Donau einen großen, grauen Waller heraus, der wurde dann bestaunt mit seinem schnauzbärtigen Urzeitgesicht und auf den steinernen Bänken zerteilt.

Den kennas ned ham, sagte dann die Fischfrau hämisch, der is vorbstellt.

Nachmittags trug die Donau schnell davon, was übriggeblieben war, Papier, ein paar faule Äpfel, Salatblätter, Fischblut. Und abends gabs dann im Ratskeller, als der noch ein ganz feines Restaurant war, Waller im Wurzelsud. Mir kams vor, als fräßen sie einen König auf.

Im Ratskeller aß ich sowieso keinen Fisch, denn im alten Neptunsbrunnen schwammen Forellen, die man persönlich kennenlernen konnte, bevor man sie blau und krumm, mit weißen Augen, auf den Teller gelegt bekam. Nach einigen durchheulten Restaurantbesuchen traute sich keiner aus der Familie mehr, Forellen zu essen. Höchstens Müllerin. Da sah man es nicht so.

Mein Großvater väterlicherseits entfloh der Familie, um fischen zu gehen. Viele selig verstummte Männer mit Angelruten und Blecheimern saßen da, auf der Stadtamhofer Seite, eine Stunde stadtauswärts am weidengesäumten Ufer. Jeder hatte seinen Lieblingsplatz, und das äußerste an Geschwätzigkeit war: Heut beißens ned.

Für die Würmer gab es ein Zinnhaferl mit einem Deckel und durchlöchertem Boden. Wie viele Ehen mochte das Fischen gerettet oder zumindest erträglich gemacht haben! Ich wurde nicht oft mitgenommen, weil ich so um die Fische heulte. Mein Großvater war ein schwerer Mann mit einem Zwicker am Band, weißem Schnäuzer und einem Hang zu Gedichten. Er schrieb sogar selber welche. Obwohl er in Bayreuth geboren war, liebte er die Donau. Wahrscheinlich hat er ihr seine poetischen Gedanken anvertraut, und sie schenkte ihm dafür das eine oder andere bescheidene Fischchen, als Alibi für daheim. Fisch aß er niemals. In seinen Nachrufen aus dem Jahr 1955 lese ich, daß er ein großer Sportfischer und Schützenkönig gewesen sei, ein Vorbild für die Jugend. Leider sind all seine schönen Schießscheiben verschwunden, ich erinnere mich an grobe, naive Darstellungen von Hirsch und Sau, aber auch an die Steinerne Brücke, den Dom und natürlich die Donau.

So wie auf Schießscheiben und Votivbildern sollte sie immer gemalt werden, ohne Dramatik, ein eiliger, unromantischer Bauernfluß, das Wasser ist das Wasser, die Berge Berge und der Mond eben der Mond.

Der hat sie auch gut gekannt, der uns einst das romantische Glotzen verboten hat, an einem ihrer Nebenflüsse ist er geboren, an einem ihrer Söhne, und wenn er sich dann auch an die Spree davongemacht hat: Die Verwandtschaft hat man ihm doch immer angemerkt, auch sehr weit weg noch, in der Emigration.

»Man soll den Himmel anschaun und so tun / Als ob einen ein Weib trägt, und es stimmt. / Ganz ohne großen Umtrieb, wie der liebe Gott tut / Wenn er am Abend noch in seinen Flüssen schwimmt.«

Ja, das haben wir von Anfang an gelernt, beim Schwimmen im Fluß: Man braucht, grade wie der Liebe Gott, gar nichts zu tun. Wenn man am Eingang zur Milli vom Ponton ins Wasser gestiegen ist, hat man sich nur tragen lassen müssen von ihr – und zusehen, daß man wieder rauskam, nicht erst in Wörth. Flußaufwärts hätte sie einen nicht gelassen.

Meine Cousine sagt, es hätte immer kalte Schnitzel mit Kartoffelsalat gegeben, damals, beim Baden an der Donau. Mein anderer Großvater hatte Manschettenknöpfe aus Donauperlen. Die waren grau und schimmerten und richteten Verheerungen in meinem Kopf an. Fürderhin suchte ich nur noch nach Perlen. Es hat sie wirklich gegeben, aber ich habe nie eine gefunden.

Kommt eine Fremdlingin sie

Wer am Fluß geboren ist, kann schon früh etwas über sich herausfinden: Ob man nämlich neugieriger auf den Ort ist, wo er entspringt, oder auf den, wo er endet. Fragen wie solche fallen dem Kind, das Schwimmen lernt, ein, aber nicht auf, und die Fragen versinken wieder, unbeantwortet.

Nach Donaueschingen, wo es die fein und pathetisch hergerichtete Donauquelle zu bestaunen gibt, war kein weiter Weg. Wir sind sicher auf einem der Familienausflüge mal dagewesen, wahrscheinlich im Sommer, zwischen tausend Schulkindern, in Dreierreihen am runden Becken Schlange stehend, das den Donaubeginn faßt. In Wirklichkeit ist der natürlich ganz woanders, und Hölderlin hat sein *Am Quell der Donau*, wo er wieder die ganze Antike und viel Heiliges über uns verströmt, nicht da geschrieben, wo ich jetzt bin, an einem eisigen, stillen Tag. Wie eine Art Souterraintempel liegt das von einer gewaltigen allegorischen Gruppe behütete Wassertheater vor unseren Füßen, umgeben von Darstellungen der zwölf Sternzeichen, rechts und links zwei Tafeln: »Über dem Meere 678 Meter« steht auf der linken Seite des Runds – »Bis zum Meere 2840 Kilometer« auf der rechten.

Zweitausendachthundertvierzig, seien wir nicht kleinlich mit den Kilometern. Meine Donaukarte gibt ihr zwanzig mehr, mit allen Quellenwegen von Breg und Brigach. Aber man muß sich entscheiden, wo man den Anfang von etwas so Mächtigem wie einem Strom festlegen will: Und nicht einmal da machts einem der Donaueschinger Park leicht, dessen Statuen jetzt in ihren winterlichen Holzhäuschen schlafen und dessen Struktur mit den kahlen Wegen, von Blumen unabgelenkt und Besuchern ungestört, wirklich erkennbar ist. Da gibt es nämlich als Ort der Sammlung und Besinnung nicht nur den stillen, kreisrunden Wasserspiegel, sondern auch noch ein Donautempelchen, das Kaiser Wilhelm hat errichten lassen. 1910 ist es erbaut, und darauf läuft die heute unterirdische Donauquelle zu, es vermischen sich Donaubächle und Brigach: Ab diesem Punkt heißt die Donau Donau.

Wasser ist ein trügerisches und nicht dingfest zu machendes Element, auch mit seinem Besitz tut man sich nicht leicht. Deswegen gibt es auch immer wieder diese Einfassungen und Ausschmückungen, hehre Worte in Stein gemeißelt, alles heißt ja nur: Das hier gehört uns. Laßt die Hände davon.

In neuerer Zeit gibts auch schuldbewußte Inschriften, vor allem von den Donauanrainerstaaten, die hier, weit weg vom Gezerre um Grenzen und Gewässer, zu einer gewissen Zerknirschung bereit sind: Was natürlich im unbedrohten Schloßpark der Fürsten zu Fürstenberg einigermaßen wohlfeil zu haben ist:

> Donau, du grosse Majestät
> Bringe etwas Luft
> Von der man nicht vergeht

– diese einigermaßen verblüffende und tiefsinnige Poesie hat die Gesellschaft für serbisch-deutsche Zusammenarbeit an dem geheimnisvollen Becken mit dem gläsernen Wasser, von dem unablässig Dampf aufsteigt und winzige Blasen an der Oberfläche zerplatzen – wer weiß, woher die kommen? –, anbringen lassen. Das gibt lang Stoff zum Nachdenken! Die Partnerstadt Vác in Ungarn wird deutlicher:

> In alten Donauwellen sah ich heutiges
> Einstiges künftiges Vergehen.
> Hinwogend war es miteinander da,
> Die Schlacht, der Alten ruhelose Klinge
> Wird stiller, seit Erinnerung sie auffing.
> Ordnen wir doch nun endlich unsere Dinge
> So unser Auftrag. Er ist nicht gering.

Während der jüngst vergangenen Revolutionen am anderen Ende des großen Stroms war bisher offenbar noch nicht genug Zeit für diese Art der Nachdenklichkeit. Die Slovenska Republika gibt zu bedenken:

Donau, die du Zeiten, Völker und Staaten scheidest
Sei Du ihr Band in kommenden Jahrtausenden.

Das zeugt von der Hoffnung, daß unsere Nachfahren bei der Organisation ihres Lebens am Strom mehr Verstand walten lassen würden als die Vorfahren und wir Heutigen und daß sie die Donau nicht immer wieder dazu zwängen, ein nasses Grab für ihre Kinder zu sein.

Auch die Rumänen haben sich verewigt, irgendwie martialischer als die anderen Anrainer: Sie allein schützten das Delta!

So scheint es, als ob die arme kleine Quelle nicht früh genug erfahren kann, was ihr auf ihrem Weg alles droht!

Brigach und Breg, die beiden Donaumütter, haben ihr Quellgebiet oben im dunklen Schwarzwald, »1000 Meer von der Wasserscheide zwischen Donau und Rhein, zwischen Schwarzem Meer und Nordsee«.

Vom gleichen Wasser kommen sie, der Vater Rhein und die Mama Donau. Es wäre ein Buch für sich – solche gibt es auch –, den Wässern nachzuspüren, aus denen Ströme werden, den unterirdischen Reservoirs, Nebenarmen, Quellauen und Bächen – und was entscheidet eigentlich, mit wem sie sich vereinigen?

»Wir nennen dich: heiliggenötiget, nennen,
Natur! dich wir, und neu, wie dem Bad, entsteigt
Dir alles Göttlichgeborne.«

So hat es den Hölderlin überkommen, und leider löst er das Donauquellrätsel nicht, sondern fügt nur ein neues hinzu.

Donaueschingen nennt sich *Die freundliche Einkaufsstadt* und hat mit Schloß und Museen, Innenstadt und Brücken für Gäste eine freundliche Atmosphäre, vielleicht ist da auch noch ein Nachklang bäuerlicher Gelassenheit und Gemächlichkeit. Die Welt war − nicht ganz aus freien Stücken − zu Besuch, und französische Namen der Kasernen wie *Port au Prince* vermitteln einen Hauch von Internationalität.

Aber die wahre Welt, die große und nie ganz zu entdeckende wird man in der Fürstlich-Fürstenbergischen Bibliothek finden können.

Wenn man einem Fluß folgen will, muß man sich von seinen Ufern immer wieder losreißen, sich nicht zu weit weg ins Land hinein verführen lassen! Wieder zurück also von den Büchern zum komischen Flüßchen, das sich durch die verschneite Gegend windet. Michael W. Weithmann nennt sie in seinem großen Donaubuch einen »provinziellen Wiesenfluß«. Das ist sie noch eine ganze Zeit, wir kreuzen sie wieder und wieder, und auf einmal steht da in der Dämmerung ein Schild: *Donauversinkung.* Es weist zu einem Platz von jener Trostlosigkeit, die nur Grillplätze im Winter haben. Diese holzgeschnitzten Panoramadarstellungen, diese leeren Tische mit den Baumstammbeinen, diese Busparkplatzmarkierungen ohne Busse, diese Krähen, denen kein McDonaldsschächtelchen die trüben Tage erhellt!

Was ist eine Versinkung? frage ich E. Er denkt lang nach.

Das macht man selber, sagt er. Also eine Versenkung, die macht ein anderer. Eine Versinkung macht man selber.

Er hat sich unwillkürlich angewöhnt, von der Donau als einer Person zu sprechen, einer eindeutig weiblichen. Unberechenbar, vernünftigem Rat unzugänglich, immer für eine Überraschung gut.

Wir machen uns auf, um sie beim Versinken zu erwischen. Es mißlingt. Schwarz und glänzend liegt sie neben dem rutschigen Waldweg, Bäume wischen einem mit Rauhreifzweigen übers Gesicht. Schneeflocken fahren als weiße Sternchen ein Stück auf ihr entlang, bis sie sie auflöst. Es wird dunkel, und keine Versinkung ist zu sehen. Man sieht sie auch nicht, erfahren wir später. Da hätten wir weit laufen können und wären vielleicht sogar hineingefallen, vom schnee- und blätterbedeckten Weglein die steile Böschung hinunter. In trockenen Sommern, heißt es, verschwindet sie ganz – manchmal.

Viel Wasser versinkt in einem Kavernen- und Höhlensystem, dessen Ausdehnung und Form noch nicht erforscht sind. Dort unten, bei den Höhlengeistern, entscheidet sich, wer das Wasser bekommt, *er* oder *sie*. Mit Einfärbungen und Öl hat man die Wasserwege zu erkunden versucht. Teilweise ist das gelungen. Aber es läßt sich nicht leugnen: Als junger Fluß wirkt die Donau deutlich zögerlicher als ihr Konkurrent und Bruder.

Es gibt Landschaften, die man im Winter sehen muß, um ihren wirklichen Reiz zu erkennen. Belaubte Bäume, Blüten und die berühmten wogenden Felder decken manches Grauen zu, dafür muß man dankbar sein angesichts der Zementwerke, Möbelparadiese, Teppichwelten, Heimtier-, Heimwerker-, Heimverschönerungsanstalten, die unsere Lebenswege säumen. Hier aber, nachdem wir einige Dörfchen durchfahren haben – scheinbar von allem verlassene Ansiedlungen, nur nicht von Gott, denn an jeder zweiten Ecke steht ein riesiges Kruzifix –, beginnen wir langsam zu begreifen, daß die Abwesenheit von Grünem und Blühendem auch ein Geschenk sein kann. Die Landschaft ist vom Schnee wie frisch bezogen, noch stechen die Kirchtürme spitz in den weißen Himmel – die Zwiebeln kommen erst später, wenn der Fluß erwachsen geworden ist. Wir biegen ab nach Beuron, Kalkstein türmt sich zu tausend verschiedenen Formationen, Schlösser und Burgen, Tore, steinerne Katarakte, Bühnen. Auf einer solchen haben Mönche das Kloster Beuron hingestellt, mit jener Gründungs-Treffsicherheit, die wir bei vielen der Klosteranlagen am Strom bewundern. Hier, genau hier mußte der Bau aufgeführt werden, von zwei Bergrücken wie von einer Kulisse eingefaßt, umschlungen von einer anmutigen Flußschleife.

Aus dem Wald schaut eine große Christusfigur, in

goldenen Buchstaben ist – etwas bedrohlich angesichts des Straßenzustands – zu lesen: »Kommet alle zu mir«. Es muß ja nicht gleich sein, sagt E.

Ganz still ist es um die Klosteranlage, aber man sieht natürlich die Möglichkeit und den Willen, ganze Scharen Heil- und Sinnsuchender aus aller Welt aufzunehmen. Über die Menutafel am Wegesrand hat sich ein Schneetuch gelegt. Eine gemütliche Herde von Nutznießern des heiligen Baus liegt im Winterschlaf: Klostermetzgerei, Klosterbuchhandlung, Klostercafé. Farben wie auf chinesischen Tuschen – Grau, Weiß, Schwarz, Ocker. Das Ocker des Kalksteins in hundert Schattierungen. Hier ganz in der Nähe hat Heidegger gelebt. Dorthin, nach Meßkirch, wollen wir nicht wallfahrten, sondern uns einfach die junge Donau entlangtreiben lassen, durch aus dem Stein geschlagene kleine Tunnels und Bögen, an jeder der vielen Biegungen und Windungen von neuer Bergarchitektur entzückt.

Es hat längst aufgehört zu schneien, und ein kupferfarbiges Licht liegt über den Felsen, durch die der Fluß sich mühen muß.

Natürlich hat man schon an ihrem Anfang versucht, der Donau zuleibe zu rücken, ihr zu helfen, damit sie ihr Wasser nicht auf Nimmerwiedersehen verlöre – aber natürlich aus Eigennutz. Man hat Kavernen verfüllt, Umleitungen und Kanäle gebaut, Wehre und Rückhalte. Hier, auf diesen schönsten dreißig Kilometern ihres jugendlichen Weges, stört das nicht, und man sieht kaum etwas davon. In einem der Wehre zeigen sogar zwei Schwäne artig, wie man den Hölderlin macht: Tatsächlich tunken sie synchron ihre Häupter ins »heilignüchterne Wasser«. Jetzt sehen die Felsen aus wie steinerne Wolken oder riesige Wachhunde, manche auch wie Tempel. Entdeckungen verspricht jedes zweite Schild und will uns festhalten und weglocken: Ruine Dietfurt.

Eine andere, allzu flüchtig wahrgenommene Attraktion sind eine Menge kleiner, spielzeugbunter Bahnhöfe, die an Gleisen stehen, auf denen scheinbar nichts mehr fährt. Ob es die Schwäbische Eisenbahn war? Ob es sie vielleicht noch gibt? Oder nur für Bahnverrückte, als *event?* Die Bahnhöfe jedenfalls wären eine eigene Reise wert, wie liegengelassen, von einem längst erwachsen gewordenen Riesenkind weggeworfen sehen sie aus.

Als sich unversehens das Schloß von Sigmaringen vor uns erhebt, schütteln wir uns und mögen nicht in die Wirklichkeit zurück. Wirklichkeit, von einem Schloß angekündigt, kann so schlimm nicht sein. Aber plötzlich sind da Autobahnschilder, und das Radio behauptet Schneesturm und Stau. Die kleine Donau ist durch die Alb gebrochen und nähert sich dem Alpenvorland.

In der Allegorie an der Donaueschinger Quelle ist die Donau ein Kind, dagegen ist nichts zu sagen, Allegorien sind immer so eine Sache. In Donauwörth ist sie eine Art Kleiner Meerjungfrau, die mit dem Rücken zum Fluß sitzt. Das sei die *Junge Donau*, steht auf einem Schild. Vor Jahren habe ich mir den Unmut eines Donauwörther

Granden zugezogen, weil ich geschrieben hatte, sie gefalle mir nicht. Er zieh mich zornig grammatikalischer und ästhetischer Unfähigkeit.

Also gut: Ist sie halt immer noch viel besser, die Bronzedame, als irgendwelche alten Männer, wollhaarigen Neptune oder Propheten, als die sie sich weiter östlich hat darstellen lassen müssen.

In Donauwörth steht meine Lieblingsfabrik: Käthe Kruse. Das waren und sind die Puppen mit dem etwas muffeligen Gesichtsausdruck, für die man leichter geschwisterlich empfinden kann als für die Dauerlächlerinnen. Merkwürdigerweise gibt es sie immer noch, sie haben die anorektischen Miniaturnutten mit dem unendlichen Zubehör ebenso überstanden wie jene an genetische Entgleisungen gemahnenden Karikaturen, die alle drei Monate wechseln und natürlich gekauft und geliebt werden müssen, bis die nächste verführerische Monstrosität Mode wird.

Die Kruse-Manufaktur hat sich nach dem Krieg in der Stadt angesiedelt, vielleicht bedient sie ja nur noch die Kindlichkeitsträume erwachsener Sammlerinnen, ich weiß es nicht. Jedenfalls war es verblüffend zu sehen, wieviel Sorgfalt man auf ein scheinbar so flüchtiges Gut wie Spielzeug verwenden kann. Wie sie die Stoffbeinchen ausstopften, bis das ein Bein und keine Wurst war! Wie die Augenbrauen gemalt, die Kleider genäht, die Haare geknüpft wurden! Hat natürlich seinen Preis, so ein haltbares Ding. Andererseits sind ein Dutzend Barbies auch nicht billig. Wahrscheinlich muß man sehr klein oder sehr alt sein, um eine Krusepuppe zu lieben. Am Anfang und gegen Ende ist einem nämlich wurscht, ob etwas *cool* ist.

Vielleicht habe ich genau das an dieser etwas barschen Gegend um die junge Donau immer geliebt: Sie drängt sich nicht auf. Sie spreizt sich nicht. Die übriggebliebenen Auwälder sind eine düstere nasse Angelegenheit, für Touristen ziemlich ungeeignet. Aber: Juwelensuchern, die dem Traum nachhängen, es gäbe für sie noch das Geheime, das Unberührte, nicht Hergerichtete zu finden, kann man den Fluß und seine Ufer zwischen Ulm und Neuburg empfehlen. Es bleibt immer etwas zu entdecken übrig, das muß man einfach glauben, auch wenn man lang durch Eternitdörfer und öde Felder fährt. Nie hat man am oberen Lauf der Donau das Gefühl, man werde von einem Fremdenverkehrsverein umworben oder befände sich in einer jener Gegenden, deren Einheimische ausschließlich mit der Gaudi der Fremden beschäftigt sind. Hier braucht man uns nicht.

Im Frühling blühen im Ries wilde Hyazinthen und Narzissen. Es gibt das rosa Rokoko von Leitheim und immer noch keine Zwiebeln, nur einen spitzen Turm habe ich gesehen, der sich sacht, wie probeweise, etwas gerundet hat um die Hutmitte.

Man sollte sich für Neuburg, dieses Wunder an gescheiter Restaurierung, Zeit nehmen. Ulm, wo die Donau erwachsen wird, für den Schiffsverkehr brauchbar und nach Meinung ihrer Biographen endlich ernstzunehmen, Ulm, wo man Glaubenskriege über die Verträglichkeit alter Baumeisterkunst mit den herben Segnungen der Moderne austragen kann, Ulm mit Geschichten und Geschichte, braucht eigentlich ein Buch für sich. Aus Ulm kommt meine Freundin I., die Wehrhafte, Rächerin der Enterbten und trotz vieler Gegenbeweise an eine winzige Güte in jedem Menschen glaubend. I., stolze Tochter eines tapferen Kommunisten, der als Verfolgter der Nazis keine Rente bekam und nach dem Krieg Messer auf Jahrmärkten verkaufte, und seiner Frau Babette, die Widerstandsflugblätter in ihrem kleinen Frisiersalon versteckte – I., die im Zorn sehr schwäbisch spricht: So ist diese Gegend! Von schöner Ruppigkeit und segensreicher Sturheit. Die Schollgeschwister sind auch von hier gewesen.

Ausflüge und Nebenflüsse

Da gibt es natürlich den Regen. Das schönste Wasser, sagten die Erwachsenen. Wir Kinder verschwanden in den Wiesen und bettelten stündlich um ein Eis oder ein Kracherl, die Zitronenlimonade, mit der es nur die Brause aus der untergegangenen DDR geschmacklich hat aufnehmen können. Der Regen war hell, sauber, mit flachen Ufern. Es gab viele Muscheln, an denen man sich die Füße zerschneiden konnte. An den Regen: Das hieß ganztägiger Ausflug, große Gruppen von Menschen, Kofferradio und wenig Kinderkontrolle. Nichtschwimmer wurden gar nicht erst mitgenommen. Wer ein Auto hatte, mußte so lang zwischen Stadt und Fluß hin- und herfahren, bis alle ans Ufer transportiert waren. Dann durfte der Fahrer kurz ins Wasser, kriegte vielleicht ein Brot oder einen matschigen Kartoffelsalat aus dem Einmachglas und konnte schon bald mit dem Rücktransport anfangen.

Wir Kinder hatten den Ehrgeiz, uns irgendwie bis zur Dunkelheit durchzuschmuggeln. Zum Grausen. Grausen war sehr in Mode. Und weil einem noch niemand filmisch, videomäßig oder computerspielgestützt vormachte, wie das geht, mußten wir uns alle Gespenster selber erfinden.

Als ich – längst aus der Kindheit draußen – zum erstenmal die Zeile »Gelassen stieg die Nacht ans Land« hörte, dachte ich an die Abende am Regen, wenn der helle Fluß sachte zu Tinte wurde und die Erwachsenen den Kopf in den Nacken legten und Blödsinn über die Sternbilder erzählten.

Da ist der Große Wagen.

Nein, da!

Uns waren die Sternbilder völlig wurscht, wir warteten auf einen Wassergeist, den wir erfunden hatten und der *Schnork* hieß. Ich weiß nicht mehr, wie er aussehen sollte, aber er legte sich ans flache Ufer, das Hinterteil im Wasser und schnappte einen weg, wenn man ihm zu nah kam. Auf der Wiese wuchsen Champignons in einem wie mit dem Zirkel geschlagenen Kreis, was der beste Beweis für das Vorhandensein von Hexen war. Diese Champignons leuchteten noch weiß, wenn es längst Nacht geworden war – auch sehr verdächtig. Essen tat sie keiner, Pilze waren zu der Zeit noch was für Flüchtlinge.

Wenn die Erwachsenen sich dran erinnerten, wie sehr sie selber einst die Schrecken der Nacht genossen hatten, nahmen sie einen noch mit an den Hauptfluß, die Donau, in den Spitalgarten. Die wollüstig stinkende Spirale eines Weichser Radi lag auf einem Teller und weinte Salzwasser. Wem gelang der richtige Ruck, um den größeren Teil der Breze an sich zu reißen?

Die Großen kriegten Radler, wir Kinder auch. Man war damals noch nicht so. Dann schlafen sie wenigstens gut!

Es stanken die Zigarren, der Obatzde und die Eier, und der Brennholzgeruch verkohlter Würschtl mischte sich dazu. Die Donau tat das Ihre mit ihrem Sumpfatem aus dem Altwasser heraus. Staunzen hüllten uns in Wolken ihrer winzigen Leiber und gerieten in Blutrausch.

Nicht aufkratzen! Aber die Großen kratzten selber, und Zigarrenrauch half nichts. Es war ein Paradies. Bis in den Spitalgarten trauten sich die Gespenster nicht.

Die Fünfziger hatten verheißungsvoll begonnen, ein schöner, großer Deckel aus Lebensfreude und schlechtem Gewissen muß das gewesen sein. Wir Kinder hatten ein neues Lied gelernt:

> Der Südwind der weht und der Stalin; der steht
> An der Wolga
> Da steht er voll Bangen
> Sein Heer ist gefangen.

Die Großen lachten, aber wir machten einen anderen Text, weil wir nicht wußten, was die Wolga ist:

> Der Stalin der steht
> An der Donau
> Da steht er und jodelt
> Und schaut wie man odelt.

Das konnten wir uns vorstellen, daß er da stünde mit seinem Schnauzbart und den Bauern beim Mistausbringen zuschaute. In Wirklichkeit war er grade gestorben. Sicher schliefen wir wirklich gut nach solchen langen Sommertagen, nicht nur wegen dem Radler, sondern überhaupt.

Man fuhr damals selten in Urlaub, manche in die *Sommerfrische.* Das waren aber nicht viele, und irgendwie dachten wir Kinder immer, das hätte was mit Kranksein und Kur zu tun, so eine Sommerfrische. Wir hatten den Strom und die Flüsse

Die Naab zum Beispiel. Die ist ungestüm und macht gern Überschwemmungen. Bei der Gelegenheit hat sie öfter den schönen Ort Kallmünz, ein Biotop für Künstler und sonstige Besondere, teilweise verschlungen. Sie hat ihn, etwas durchweicht zwar, immer wieder ausgespien, trotzdem wollte meine Mutter nicht, daß mein Vater und ich dort das schönste Haus der Welt kauften. Ein rotes Barockhaus, ehemalige Kneipe. Barock sei es, wenn überhaupt, nur von außen, sagte meine prosaische Mutter, und der Dunst jahrhundertelangen An-die-Mauern-Pieselns lasse sich nicht vertreiben. Uns überzeugten ihre Argumente nicht – aber wir sahen, daß man keinen freien Blick vom Garten auf die Naab hatte, sondern durch eine Mauer von ihr getrennt war. Uns hielt das vom Kauf ab, die Naab aber nicht vom Haus – ein anderer hatte das schöne rote Haus erworben, saniert und geliebt: Im Jahr drauf kam der Fluß, stieg bis in den ersten

Stock und leckte die frische Farbe von den Wänden. Meine Mutter triumphierte – wir dachten nicht daran. Uns war ein Abenteuer entgangen.

Indessen hat man die Naab entschärft, höre ich, Künstler und andere Besondere siedeln immer noch an ihren Ufern, es gibt eine ordentliche Kulturszene, die Gottseidank ihre Keimzelle, das Wirtshaus, nicht verleugnet. Man konnte auch in der Naab baden, man konnte eigentlich überall baden in den gesegneten Sommern von früher. Auch im Mühlenwehr an der Laaber. Das ist aber eine andere Geschichte und fängt entweder am Bahnhof Beratzhausen an, von wo aus man noch ordentlich zu laufen hat, oder bei einer Autofahrt mit dem Hans, dem jeweiligen Hund – Scotchterrier – und einer großen Anzahl merkwürdiger Gebrauchsgegenstände und Gepäckstücke. Oft beginnt die Autofahrt früh um fünf, nach einer durchfeierten, durchredeten Nacht. Wir haben die Sechziger und Siebziger, der Hans ist mein Onkel, Jahrgang drei, »ein Dreier«, wie er sagt, ich studiere, heirate, dann arbeite ich, und immer, wenn wir uns sehen, feiern wir die Nächte durch, reden und müssen unbedingt bei Sonnenaufgang zur Mühle.

Die Mühle ist kein Wohnort, sondern eine Philosophie, die souveräne und wohlüberlegte Antwort auf die Frage: Wieviel Erde braucht der Mensch? Der Mensch braucht aber nicht nur Erde, sondern auch ein fließendes Gewässer von zufriedenstellender Qualität, einen einflammigen Kocher braucht der Mensch, eine Kühlmöglichkeit für Wein und Bier – und Freunde. Aber keine engen! Und möglichst keine Frauen.

Ich war keine. Obwohl die Mitmieter meines Onkels Hans, drei würdevolle und hintersinnige alte Zausel, Dispens nicht zu oft geben wollten. Einer war beim Rasieren in der Früh überrascht worden. Weiber verursachen unsinnige Putzsucht! Das widersprach den Mühlengesetzen.

Vier Herren in Pensionsalter nutzten über Jahre die Mühle gemeinsam. Jeder bewohnte einen oder zwei Räume, weißgekalkte, saubere Zimmer ohne Strom, mit Petroleumlampen, Feldbett, Tisch und Stuhl. Sie duzten sich nicht, gingen nicht angeln, spielten nicht Karten. Ein Felsenkeller sorgte für die richtige Bier- und Weintemperatur im Sommer. Auf der Flußseite hatten sie, nach Westen, eine Art Terrasse gebaut. Da fanden sie sich zusammen, nachdem jeder am Tage seinen Gedanken nachgegangen hatte, auf unerforschlichen Wegen. Jeder kochte für sich auf seinem Spirituskocher ein Essen – was man eben zusammen in eine Pfanne tun kann. Das aßen sie, wischten ihre Pfännchen sorgsam mit Schwarzbrot aus und schauten auf die Laaber, in der die Wasserpflanzen wie Undinenhaare in der Strömung wehten. Forellen benützten die weichen grünen Strähnen als Polster, auf dem sie sich sonnten. Die Laaber war dunkel, nicht tief und sehr kalt. Drüben am anderen Ufer kamen in der Dämmerung die Rehe aus dem Wald. Es gab Silberdisteln.

Während der Woche hatten die Herren Geschäfte in der Stadt, Familien, Steuerbescheide, Krawatten, Theaterabonnements – kurz alles, was mein Onkel Hans als *Verdruß* bezeichnete. Er liebte dieses Wort. Es traf auf so vieles zu. Man unterhielt sich gesittet und nachdenklich über Gott und die Welt. Man fürchtete auch das Schweigen nicht. Und da in jedes Paradies eine Schlange gehört, gab es im vorderen Mühlenhaus die Frau Natterer, die sich dort eingenistet hatte und von der mein Onkel Hans sagte, sie sei wahrhaftig die Steigerung des Begriffs Natter. Als sie mich im Mühlenwehr schwimmen sah, soll ihr fast das Herz stehengeblieben sein.

Sie hat net glaubt, sagte später einer der Herren, daß der Mensch aso vui Wasser überlebt. Die vier trugen nicht, was man heute Freizeitkleidung nennt, sondern abgelegte *Gute Sachen*, allerdings ohne Krawatte, und sie waren, wie gesagt, unrasiert. Das gab ihnen ein verwegenes, an bessere Tage erinnerndes Aussehen. Das trog natürlich. Sie hatten nie bessere Tage gehabt als ihre späten auf der Mühle.

Manche Ausflüge an der Donau sind obligatorisch, weswegen man sie, vor allem in jungen Jahren, nicht mag. Die Walhalla habe ich als Kind regelrecht gehaßt. Es ist nicht leicht, den Grund dafür herauszufinden. Der Weg dorthin ging ja noch, der war eigentlich ganz schön. Entweder mit dem sogenannten Walhalla-Bockerl, das ein Dampfbähnchen war, eine Freude für Eisenbahnverrückte. Oder mit dem Schiff, was man seltener machte, weil es als exklusiv galt, weiß der Himmel, warum. Oder man lief eine größere Strecke, was der Gesundheit diente und Schulausflug hieß. Meine Familie ging nicht wandern. Aus den verschiedensten Gründen nicht, die aber nicht erörtert wurden, weil: Kinder müssen wandern. Die Walhalla als Ziel war unbefriedigend. Sie erschien mir zu heroisch, ich kannte die Leute nicht, die da drin aufgestellt waren, und es gab keine Kracherlbude. Ich weiß gar nicht, ob es jetzt eine gibt.

Kürzlich bin ich zu Schiff dagewesen, wundervoll liegt sie am Berg, der Bayernkönigtempel – immer werden solche Spinnereien dem zweiten Ludwig angerechnet, dabei hat es doch der erste, wie man an dieser Donau-Akropolis sieht, auch recht gut gekonnt. Das Volk sollte gefälligst Schönheit und Andacht haben! Und wenn man heutigentags mit dem Schiff aus Regensburg hinausfährt, an den grünen Ufern vorbei, vorbei an Kläranlagen, wuchtig an die sanften Hügel gerammten Hochhäusern und bräsig ins Land gebreiteten Einkaufszentren, macht man innerlich eine Verbeugung vor den schönheitsliebenden bayrischen Monarchen. Ich hatte vergessen, wie wundervoll sie von der Flußseite her aussieht, von unten. Dabei belasse ich es heute, gehe an Land und schaue ohne Ehrgeiz die vierhundert steilen Stufen hinauf, auf denen sich ganz kleine Menschlein abmühen.

Es ist von unten her gesehen ein eigentümliches Gewusel, das wird er so gewollt haben, Seine Majestät. Nicht nur Andacht fühlen, sondern auch wissen, wie klein man ist!

Ich hingegen bin, eine schneeweiße Götterdämmerungsszenerie vor knatschblauem Himmel im Rücken, Königin des Ufers und der Bauerngärten. Niemand stört mich, ich hänge die Füße ins Wasser und bewundere die vom Donauwasser zu Riesenwuchs getriebenen Nachviolen, Ringelblumen, Fuchsschwänze und Dahlien. Tomaten und Kohlköpfe plustern sich in der Sonne, reif für den Wettbewerb, die Kürbisse geben zu den schönsten Hoffnungen Anlaß. Ein Kind in einem gelben Badeanzug geht bis zum Hals in den Fluß, der Hund kläfft, und alles wird von einem griechischen Tempel bewacht, als müsse es so sein. Die Weiden hängen ihre Zweige tief ins Wasser und fangen Zigarettenschachteln, Tüten und gebrauchte Pariser aus dem Fluß.

Ausflüge nach Weltenburg haben mir dagegen schon als Kind gefallen. Erstens, weil ich verfressen war und die Küche der Klosterkneipe meinen Neigungen sehr entgegenkam. Zweitens, weil ich kein Stück Donauufer schöner fand als den steinigen Strand des gefährlichen Donaudurchbruchs. Mit den rundgeschliffenen Donaukieseln verbindet mich seither eine Art Obsession. Ich muß sie nämlich immer mitnehmen, und dann noch schönere finden, die anderen aus den Taschen klauben und wegschmeißen, und wieder schönere, vollkommener geschliffene, buntere finden, und wieder abwägen, und mir zum Schluß im Auto sagen lassen, ob ich wieder der Steinsucht erlegen sei? In den psychologischen Jahren, den Hochzeiten der Hobbyanalytiker, ist am Strand von Weltenburg viel über meine Besitzgier gerätselt worden, mein Bedürfnis nach Sicherheit, den bedauerlichen Kleinmut. (Da siehst du's! Nur kleine Steine, leicht zu bewegen, schön rund, ohne Kanten! Keine echten Brocken, keine Felsen!) Ja, das hätte mich schon vernichten können, mich Anti-Sisypha mit meinen runden, bunten Donauklunkern.

Es liegt einer auf meinem Schreibtisch. Um die Farbe – ein Ochsenblutrot – richtig sehen zu können, muß man ihn naß machen.

Baden war am Strand des mächtigen Klosters strengstens verboten: Lebensgefahr! Nicht einmal ich kam auf den Gedanken, wenn ich das drängende, immer wieder in kleinen grünen Strudeln nach unten ziehende Wasser sah.

Die Klosterkirche von Weltenburg gibt dem strengen Bau, wie es so oft im Bayrischen ist, ein heiteres Herz. Wenn sich jeder seinen Lieblingsputto ausgesucht oder den Drachentöter Georg um Beistand gebeten hat, kann man die landschaftlichen und theologischen sowie die kunstgeschichtlichen Ausflugsgründe getrost beiseite legen und sich – bei schönem Wetter an langen Tischen im Klosterhof – der Erkundung des Bieres und des gefährlichen Bärwurz widmen.

Man muß nicht esoterisch verblendet sein, um an dieser Stelle, wo vor Jahrmillionen die Donau den Fels gesprengt und überwunden hat, eine seltsam unruhige Kraft zu spüren. Man kommt sich unter den Felsen, unter den schwarzen Wäldern klein vor und sehr unwichtig. War das der Grund für die Mönche, in diese gewalttätige, gleichmütig dunkle Landschaft einen so mächtigen Posten zu bauen? Es führt kein Weg mehr am Ufer entlang, oben ragen hoch die Mauern auf, durch deren schmale Scharten man den Küchengarten der Mönche sehen kann. Salat anbauen, Bier brauen und beten.

Natürlich wird man hier nur so düstersinnig, wenn die Pilgerbusse und alle Japaner und Italiener einen verlassen haben, die Bänke leer und auch die Engel allein sind. Dann tröstet der Regensburger Georg Britting, in dessen Gedichten von der Donau wir selbst den Strom wiederfinden können, der längst wegkanalisiert, begradigt und gezähmt ist – aber auch den, dem wir gehören von Kindesbeinen an:

DIE KLEINE WELT IN BAYERN

Der Himmel ist hoch und weit über das Land gespannt
Daß alles unter ihm Platz hat: Die weiße Felswand,
Der Kirchturm, Zigeunerpferde mit farbigen Bändern
Im Schopf, Hirsche, Nachtigallen und Stare,
Und der spiegelnde blaue und klare
Waldsee mit den schilfigen Rändern.

Liegt ein Kerl im Moose,
Schlägt die Augen auf, und im kleinen Stern
Sammelt er alles, den Kirchturm, die Felswand,
den Himmel, und sein Begehrn
Geht darüber und über den Himmel hinaus
ins Große und Grenzenlose.

Das Gedächtnis schwimmet nach oben

Es ist ein schneeloser Winter, in München scheint die Sonne, ein schräges, goldenes Licht, das blendet. W. und ich fahren aus der Stadt hinaus in Richtung Gäuboden, in die flache, ausgeräumte Landschaft hinein, nach Straubing. W. ist da geboren und nie mehr dort gewesen seit seinem fünften Lebensjahr. Meine Erinnerungen sind noch blasser, ein Onkel, der hier Landgerichtsrat war und sich mit den Nazis nicht verstanden hat. Straubing galt bei uns in Regensburg als rauher Rand der Heimat. Die sprachen auch anders. Ein schaurig-geisterhaftes Lied geht mir nicht aus dem Kopf »d' Bernauerin is er-trun-ken / d' Bernauerin is er-trun-ken!« In Straubing haben sie damals, vor mehr als fünfhundert Jahren, das arme Luder ersäuft. Aus Staatsräson. Seither taucht die Agnes immer mal wieder in der Literatur auf.

Ich zeig dir die Stelle, sagt W. Und die Grabkapelle. Aber da liegt sie natürlich nicht. Er erzählt von seinem polnischen Großvater, der immer mit ihm ins Leichenhaus gegangen ist, Tote anschauen. Und danach Bahnschwellen zählen. Plötzlich fahren wir aus dem gelben Sonnenlicht mitten in eine dunkelgraue Suppe, die

Donau atmet es aus, dieses tückische Nebelgewölk. Ich kenne ihn von Regensburg, einen fetten, feuchten Dunst, der die Gelenke rostig werden läßt und die Bronchien verstopft. Eine Decke liegt über dem schwarzen Boden und drückt aufs Gemüt.

Grade hier tut die Donau einem das an, in einer abweisenden, unlieblichen Landschaft. Ich sehe eine lange halbe Allee, nur eine grausam zu Besen verschnittene Baumreihe links, die sich im Nebel verliert.

Ich kann die Ebenen nicht lieben, sagt W. Der Straubinger Onkel machte seltsamerweise die Berge für eine gewisse Unernsthaftigkeit und Lebensgier der Bayern verantwortlich. Schon Regensburg, durchaus noch nicht in den Voralpen gelegen, galt ihm, glaube ich, als Sündenpfuhl. Es gab dort auch an gewöhnlichen Werktagen abends Bowle zu trinken! Außerdem haßte er Goethe.

Meine erste Sehenswürdigkeit ist das Gefängnis, Justizvollzugsanstalt Straubing. W. zeigt mir die endlosen Mauern, die übriggebliebenen Reste der alten Gefängnismauer, das einer Klosterpforte gleichende Tor, die Wachtürme, die idyllischen Häuschen der Bediensteten, mit einer respektvollen Zärtlichkeit. Im Schatten einer so mächtigen Anlage kann man sich beschützt fühlen.

Da, sagt er und zeigt auf ein mäßig geneigtes Weglein, bin ich Schlitten gefahren. Die Kirche heißt St. Michael. Und hier ist noch das Wirtshaus, in dem ich Bier holen gegangen bin, für den Vater, im Krügel.

Früher hat man immer die Kinder zum Bierholen geschickt, immer mit einem offenen Krug. So haben viele früh das Saufen gelernt, weil sie das Bier ja haben probieren müssen. Und bei den Vätern ist die Zirrhose oder das Bierherz noch ein bißchen rausgeschoben worden, weil die Kinder Wasser hineingetan haben, damit nichts fehlt. Und im Krönner gabs Agnes-Bernauer-Torte, sagt W.

Wie sich nachher zeigt, gibt es die immer noch. Straubing ist eine alte Stadt mit krummen Gassen. Wir fahren durch ein Rotlichtbezirklein mit *Moulin rouge* und *Lucerna-Bar*. Da feiern die reichen Bauern! sagt W. Es sieht aus wie in Prag früher, vor der Revolution. Auch der langgestreckte Stadtplatz erinnert mich ein bißchen an Prag: Er ist, durch den achtundsechzig Meter hohen Wachtturm in Ludwigs- und Theresienplatz geteilt, einer der schönsten und selbstbewußtesten Plätze, die ich seit langem gesehen habe. Die Bauepochen dulden einander, ja, sie unterstützen sich: Gotische Stufengiebel mit Barockfassaden, Rocaillen, Backstein und Stuck. Jedes Haus kann *ich* sagen, ist unverwechselbar, mal schlichter, mal prächtiger. Ein Platz wie ein Bilderbogen. Der Weihnachtsmarkt schmückt ihn nicht, wie man eigentlich annehmen sollte. Er zeigt die Einheits-Jahrmarkthüttchen her, die ich von Italien bis England gesehen habe, das Euronorm-Kirmes-Weihnachtshäuschen also, das eine Sehnsucht nach den unordentlichen Verschlägen früherer Zeiten wachruft.

Die Häuser des Stadtplatzes lächeln, es ist drei Uhr

nachmittags, und die fünf Spitzen des Stadtturms stecken tief im Dunst. Das Glockenspiel übertönt anmutig das Orchester der Straßenmusikanten, deren Vielzahl die Nähe des vormals versperrten Ostens zeigt. Manche sind Virtuosen, auch wenn man das Schild »Vom Konservatorium in St. Petersburg« nicht allzu wörtlich nehmen muß. Andere schrammeln so erbarmungswürdig auf irgendeinem Flohmarkt-Quetschkommödchen herum, daß man ihnen bereitwillig viel zahlt, damit sie woanders hingehen.

Schau, sagt W., wir sind fremd, das lassen sie einen spüren. Man sieht uns neugierig ins Gesicht. Sie ist nur noch in kleinen, abgelegeneren Städten zu finden, die Blickfrage: Wer seid ihr? Woher kommt ihr? In den Großstädten ist man längst unsichtbar.

Wir schauen einer Taube zu, die von einem Teller, den jemand unter einer Steinbank abgestellt hat, zierlich ihr Mittagessen aus Pommes zu sich nimmt. Man könnte, eingemummelt in Jacke und Mantel, einfach hier sitzen bleiben, in der Mitte dieses wunderbaren vielfarbigen Platzes, und den Straubingern zuschauen, wie man beweglichen Krippenfiguren zusieht, die in immer gleichem Rund am Beschauer vorbeiziehen, nickend und erschreckend, anbetend und fröhlich hüpfend. Wie weit weg von hier ist die große Burg der Justizvollzugsanstalt! Wie unglaubwürdig die düstere Geschichte mit der Bernauerin!

Wir gehen hinunter zur Donau, die U-förmig nach

Straubing hineinragt und ein paar Wasseräderchen in die Stadt entläßt. Am unteren Bogen des U, fast in der Mitte, steht Herzog Albrechts Schloß, 1356 hat er mit dem Bau begonnen. Daneben, graziös in den Nebel hinein verschwindend, liegt die Brücke. Jene Brücke, von der sie das arme Weib gestoßen haben, unter dem Jubel der Menge, wir werden uns ein genaueres Bild zu machen versuchen. Vorher erzählt mir W. noch eine schöne Geschichte: nämlich, daß am 22. März 1946 ein neuer Intendant fürs Straubinger Theater verpflichtet wurde. Dessen Name war Curd Jürgens, und seine Aufgabe sollte sein, »das Niveau der aufzuführenden Stücke wesentlich anzuheben«. In Wirklichkeit mußte hier wie überall in den darniederliegenden deutschen Landen das Theater seine Aufgabe als moralische Anstalt neu definieren: »den Spuk der Vergangenheit abschütteln« heißt es. Da hat der normannische Kleiderschrank nicht schlecht geholfen, er saß »in Kostüm und Maske an der Kasse, bis der Vorhang aufgeht ... Das Publikum rast ...«.

In Gäuboden mußte man nicht hungern und konnte sich leisten, seine sittlichen Aufrüster, die Mimen, mit Spanferkeln und Gänsen zu entlohnen, was den neuen Intendanten in seinen Memoiren zu der Bemerkung veranlaßte: »Das neue Zeitalter ist verdammt verfressen und geldgierig.« Das wird in den sehr alten Zeiten, in die wir jetzt zurückgehen, nicht anders gewesen sein.

»Und die mär pracht, das man die Bernawerin gen hymel gefertigt hett«, so schreibt in unschuldigem Zynismus der Stadtschreiber von München über das Ereignis vom 12. Oktober 1435. Sieben Jahre zuvor soll der bayrische Herzogssohn Albrecht der Augsburger Schönheit bei einem Turnier begegnet sein, der Baderstochter, der »Badhur«, der Hexe. Man muß viel von ihrem kurzen Leben mit Dichtung auffüllen, denn gewiß ist nur ihr Tod. Alles andere sind Quellenfetzen, Legenden, im Lauf der Jahre mit einer fetten poetischen und musikalischen Sauce übergossen. Ich versuche, sie mir drunter hervor zu denken, an ihrer Todesbrücke, fünfhundertfünfundsechzig Jahre und sechs Wochen danach. Sie sei nicht gleich untergegangen und habe sehr geschrien, heißt es in der Chronik. Und daß der Henker sie mit einem Stock unter Wasser gedrückt habe.

Der Vater ihres Liebsten, vielleicht ihres rechtmäßigen Ehemannes, Herzog Ernst, schien diesen Mord für die einzige Möglichkeit gehalten zu haben, seinen Sohn Albrecht wieder in die Schranken der Staatsraison zurückzutreiben. Über Albrecht, den Verliebten, kamen allerdings unschöne Nachrichten zu des Vaters Ohren, nicht zuletzt eine grausame Judenverfolgung, die der alte Herzog für bedenklich hielt. War sie eine Einbläserin, der böse Geist eines naiven Mannes? Nicht alle Dichter nähern sich ihr mit ungeteilter Verehrung. Die Nazis 1935 taten ihr ein »Freilichtspiel« an: »Wir leben in einer Zeit stählerner Romantik«, schreibt die NS-Zeitung. Und der Autor Eugen Hubrich, vom völkischen Furor beseelt, greift tief in den braunen Wörtertopf, von

Erneuerung des Blutes und Urborn den Lebens ist die Rede, Agnes gilt als Opfer von »Eigennutz und Geldsackstreben«. Da weiß man doch, was gemeint ist! Daß die Gattin dem tapferen und von ihr bestärkten Judenvernichter entrissen wurde, könnte ein Untertitel sein.

Auch das wohltönende bajuwarische Votivbild von Orff verdeckt mir die Tragödie eher, als daß es sie klärt. Seine Oper, die 1947 uraufgeführt wird, ist eine ungestüme und bunte Mischung aus bairischem Bilderbogen und Dialektpoesie, und wer sich von den Carmina Burana verführen läßt, kann sich auch der Bernauerin nicht entziehen. Das

»Itzt kummts nimmer hoch«

wird dreimal wiederholt und dann:

»D' Fisch san fortgschwommen
hats keiner vernommen
wie 'geschrien hat
Im Tod.«

Und in Friedrich Hebbels Drama *Agnes Bernauer* aus dem Jahr 1851 sagt der Herzog Ernst, nachdem ihm vom Sterben der Agnes berichtet wurde: »Genug, Preising!

Es gibt Dinge, die man wie im Schlaf tun muß. Dieß gehört dazu. Das große Rad ging über sie weg – nun ist sie bei dem, der's dreht.«

Es ist eine hübsche Brücke, die Donau rollt sich glatt und dunkel unter ihr weg und atmet ihren Dunst aus, in dem alles verweht und verschwindet. Die Donau, ein Sterbebett für viele.

Es sei das passende Wetter und die richtige Tageszeit für den schönsten Friedhof! Ich habe W. mit meiner literarischen Nekrophilie ein bißchen angesteckt. Der Friedhof ist eine Entdeckung, die mir ganz allein geschenkt wird, und ich bin später nicht gekränkt, als ich in den diversen Reiseführern und Traktätchen von der Kirchenpforte lese, daß der Friedhof von Sankt Peter der ungewöhnlichste und schönste im süddeutschen Raum sei, »soweit Stimmungswerte in Frage kommen« – wie ein strenger Autor schreibt.

Also, die kommen sehr in Frage, jedenfalls bei mir, wir sind vollkommen allein in der sinkenden Dämmerung an diesem in Ruhe gelassenen Totenhügel, der, von einer Handvoll Ewiger Lichtchen in Rot abgesehen, keine Farben hat, sondern nur tausend Schattierungen von Dunkelheit. Viele schmiedeeiserne Kreuze finden sich hier, wie in der Gegend üblich, mit kleinen, verschließbaren eisernen Schreinen in der Mitte, wo die Seele oder ein Bild wohnen könnte. Nicht grade stehen Kreuze und Steine, sondern einander zugeneigt, als hätten sie im Lauf der Jahre Gefallen und Stütze aneinander gefunden.

Man würde keinen Hund auf den Kirchhof jagen, deswegen können wir uns wie echte Entdecker fühlen – als sei seit der Aufstellung der letzten Kreuze, deren

Jahreszahl längst verwittert und unleserlich geworden ist, keiner mehr hier gewesen. Verblichen und zerfallen sind die Kränze und Blumengestecke, nur auf dem Grab eines Kindes, das 1948 gestorben ist, leuchtet eine blaue Hyazinthe aus Papier.

Keine Menschenseele ist hier, die man fragen könnte, wo denn das Marmorbild der heiligmäßigen Badhur' zu finden sei. Das Innere der Kirche Sankt Peter ist eiskalt und karg, man hat ihr im neunzehnten Jahrhundert das Barock ausgeräumt. Über dem Westportal kämpft im Tympanon ein Mann gegen einen Drachen. Viel Steingetier tummelt sich an den Portalen, man kann es nicht immer erkennen. Drei Kapellen stehen auf dem Gebiet von St. Peter, die zu Unserer Lieben Frau (Heil der Kranken), die Toten- und Seelenhauskapelle und die Agnes-Bernauer-Kapelle. W. ist verschwunden, und ich gehe auf den von nassen Blättern glänzenden, glitschigen Wegen zur ersten. Mir ist sehr unheimlich zumute, auch der Strom, der nah vorbeifließt, gibt mir nicht das Gefühl herzugehören. Das tut sie sonst immer, diese Mörderin! Hätte sie die Bernauer nicht in die Arme nehmen und davontragen können, bis an ein sicheres Ufer?

Die älteste von den Kapellen ist düster, ein Licht fällt auf eine herrliche Maria mit Kind am Altar. Mir ist aber eher nach einer Kanne Tee mit Schnaps, Weißwürsten, Menschen und Duliöhmusik. Es ist wahrhaftig totenstill. W. – ein Mensch von verläßlicher Größe und vertrauenerweckendem Umfang – bleibt verschwunden.

Ich schaue die Bernauerin in ihrer Kapelle an. Die rotmarmorne Figur, ursprünglich liegend, ist seit dem Ende des achtzehnten Jahrhunderts dort aufgestellt. Das ist beim näheren Hinschauen problematisch und macht einen gruseln – die auf einem Kissen ruhende, sehr prachtvoll gewandete ertrunkene Frau, die Leiche mit den gekreuzten Händen und den geschlossenen, eingesunkenen Lidern kommt, da sie steht, wie ein Gespenst aus der Mauer. Zwei kleine tote Hündchen zu ihrer Linken und Rechten sind für mich nicht erkennbar als »symbolische Hinweise der Treue beider Gatten« – vielleicht sahen sie so aus, als das Bildwerk noch lag! Jetzt aber drängt sich bei der Betrachtung der armen, seltsam verkrümmten Kreaturen die Deutung auf, die in Werner Schäfers großem Buch über die Bernauer zu finden ist: »Demnach wäre die Bernauerin in einen Sack gesteckt worden, zusammen mit kleinen Tieren wie Hunden, Affen und Schlangen zur Steigerung der Todesqualen.«

Im Vergleich damit ist die Entdeckung des Inneren der Toten- und Seelenkapelle richtig heiter! Im trüber werdenden Licht des einsamen Straubinger Winternachmittags leuchtet ein barocker Todescomic, ein Totentanz des Freskenmalers Felix Hölzl. Der hat seinen Zyklus 1763 an die Wände der gotischen Kapelle gemalt, ich sehne mich nach einer Taschenlampe oder zumindest einigen netten Pechfackeln, um besser zu sehen.

Inmitten des bunten Menschen- und Skelettgewusels verblaßt das Bernauergrauen und verschwindet schließlich. Der schöne Satz von Bergengruen »Jeder Tod hat sein Gelächter« wird bestätigt. Und was Exegeten dem Hölzl ankreiden – seine schlampige Ausführung, mangelnde anatomische Präzision und kindliche Perspektiven –, finde ich grade wunderbar. Ein fast expressionistisches Tänzchen tobt da die Wände entlang, naiv, unbekümmert, mit simplen klugen Texten. Ein versecktes Juwel! Im Sommer, früh am Tag, sähe man natürlich mehr! Es wäre aber bei weitem nicht so köstlich gruselig wie heute.

W. findet sich wieder an, er hat seine Digikamera aufgeladen.

Also hör mal, sage ich. Wegen der Atmosphäre, wo Digi gar nicht paßt, aber auch weil er mich mit einer ganzen Rotte von Gespenstern allein gelassen hat. Ich habe ihn im Verdacht, sich selber gegruselt und bei der blöden Kamera Zuflucht gesucht zu haben. O-Ton Gevatter Tod:

Der Köcher ist noch voll die Pfeile mangeln nicht
der Grueben gibt es vill sie seindt gleich zuegericht:
vileicht bist du der erste der oder die dis list!
wer gibt dier Brief dafür, das du es noch nicht bist …

Ja. Und deswegen gehen wir jetzt Weißwürste essen, obwohl Abend ist!

Flußgesellschaft

Die Sonne war eben prächtig aufgegangen, da fuhr ein Schiff zwischen den grünen Bergen und Wäldern auf der Donau herunter. Auf dem Schiffe befand sich ein lustiges Häufchen Studenten … Einige hatten sich auf dem Verdecke auf ihre ausgebreiteten Mäntel hingestreckt und würfelten … wieder andere übten ihren Witz an allen, die das Unglück hatten, am Ufer vorüberzugehen und diese aus der Luft gegriffene Unterhaltung endigte dann gewöhnlich mit lustigen Schimpfreden, welche wechselseitig so lange fortgesetzt wurden, bis beide Parteien einander längst nicht mehr verstanden … Und so fahre denn, frische Jugend! Glaube es nicht, daß es einmal anders wird auf Erden. Unsere freudigen Gedanken werden niemals alt und die Jugend ist ewig.«

Eichendorff hat es gewußt! Auf dem Fluß, zumal auf der Donau, findet man die Jugend wieder, irgendeine, eine zweite oder dritte, wieviel einem eben zugemessen ist.

Wir senken das Durchschnittsalter, sagt U., im täglichen Leben sind wir schon einige Zeit nicht mehr die Jüngsten. Aber hier, an Bord der schönen, etwas behäbigen *Donauprinzessin* – also gut, nicht die Jüngsten! Oberes Mittelfeld. Im Laufe der Reise aber wird das ganz gleichgültig, und Eichendorffs Zuversicht in *Ahnung und Wirklichkeit* reicht auch für uns aus.

Bei der Einschiffung in Passau steht die Kirchturmuhr auf Viertel nach vier. Dann bewegen sich ihre Zeiger kaum mehr, die Zeit verlangsamt sich, so beginnt die Flußreise. Das Gerenne zwischen Parkplatz, Bahnhof und Landestelle hört auf, ein Schiffsdeck besteigt man würdevoll, von hundert Filmszenen in die Pflicht genommen. Natürlich sehen wir nicht aus wie Marlene Dietrich oder Kate Winslet! Aber wir tun doch, was wir können. Ein Schiff ist ein Anachronismus, eine Flußfahrt zu machen bedeutet tapferes Bekenntnis zur Zweckfreiheit. Wir alle klettern auf eine Rettungsinsel für den Müßiggang. Damit, das werden wir sehen, haben manche Schwierigkeiten. Für sie gibt es ein dichtes Netz von Programmen und Besichtigungen. Wenigstens einen Bildungsauftrag muß man sich selber gegeben haben, um nicht im Geschaukeltwerden zu versinken. Köstliche Mahlzeiten, immer am gleichen Tisch, das Bild des vorüberziehenden Ufers wie einen Film genießen!

Wie viele Geschichten das Schiff die Donau hinunterträgt, von denen man hin und wieder einen Zipfel erwischt und sich den Rest zusammenreimt – es sind ja nicht nur die Geschichten der 133 Passagiere, sondern auch der Besatzung, des ernsten ungarischen Kapitäns, des ironischen ungarischen Stewards, all derer, die uns für eine Woche das Feudale herstellen. Die Einrichtung des Schiffs ist gemäßigt luxuriös, ein paar Schnörkel, ein bißchen Plüsch, nichts Beängstigendes oder Bestimmendes. Würde auch nicht zu den Kleidern passen, die zum Abendessen angelegt werden, Schmuck wagt sich heraus – man beginnt sich zu grüßen.

Später, allein in der Kabine mit dem schmalen Bett – ich kann mir nicht vorstellen, da zu schlafen, und schlafe sehr spät, aber ganz tief, ein –, schaue ich auf die schwarz ausgesägte Bergwaldsilhouette und das letzte Rot im Westen. Später trägt die Mama breite, gezackte Bänder aus Mondlicht. Hinter den bepelzten Bergen ist er aufgegangen und erleuchtet die Zerstreuungen des Abends, zwei sehr dünne Musiker spielen Country-music, ein Passagier sagt: Ich sprech ja kein Spanisch, ne …, und wir fahren in eine ungestörte Welt aus Nachtblau und Silber hinein. Das letzte, was ich sehe, ist der *Handelshafen Linz*, und schon da, am ersten Tag, wird mir klar, was eine Flußfahrt so unvergleichlich macht – andauernd liegen Köder an den Ufern für Sehnsucht und Neugier! Kreuzfahrten auf dem Meer führen zu übertriebener Eigensucht, Eitelkeit und nicht zuletzt Verfressenheit. Weil man nämlich außer Wasser nichts sieht und sich deshalb viel zu wichtig nimmt.

Auf dem Flußschiff aber, in der unsichtbaren Begleitung der Argonauten und der Nibelungen befällt auch jene Passagiere eine gewisse ehrfürchtige Bescheidenheit, die sich nur in der Gesellschaft von Regierungsräten a. D. und Industriellenwitwen dünken. Die unsichtbare Flußgesellschaft beherrscht die sichtbare, auch wenn die das nicht weiß.

Zum Beispiel der befehlsgewohnte Herr aus Florida: Call me Jack! Wir sind uns im Swimmingpühlchen nähergekommen, da kann man gar nicht anders, er ist ein stämmiger, braungebrannter und gutgehaltener Siebziger mit wahnsinnig weißen Zähnen und einer ganz jungen, sanften Gattin. Die wievielte das wohl sein mag? Aber er fragt mit seiner lauten, freundlichen Florida-Golfplatz-Busineß-Stimme nach allen Einzelheiten des erstaunlichen Bühnenbildes, das da links und rechts an uns vorüberzieht.

It's like in the movies, sagt er zögernd, wenn wieder etwas sehr Altes in unser Blickfeld kommt, aber er weiß, das trifft es nicht: Vielmehr scheint ihm Stück für Stück aufzugehen, daß es eher bei ihm daheim like in the movies ist. Er hat sich auf die Suche nach dem Eigentlichen begeben, er wird dessen nicht habhaft, er fragt, aber er ist auf der Suche nach den richtigen Fragen. Zu seiner hübschen Southern Belle ist er nicht besonders nett.

Was heißt »Auf Wiedersehen« auf Ungarisch? Aus welchem Stein ist diese Kirche?

Er wirkt, mit seinen dicken braunen Beinen und seinem Lächeln, wie ein Eroberer, der den Verdacht hat, die ganze Zeit das Falsche erobert zu haben. Mittags höre ich sein lautes Lachen durchs Schiff. Er beobachtet das perfekte Ballett der Kellner, er schaut um sich, wie die Menschen Wein trinken und sich unterhalten.

Dieses Europa ist schon was, sagt er. Und unausgesprochen, daß die Europäer es nicht richtig zu würdigen wüßten. In Wien war er schon ein paarmal. Da müsse er noch oft hin, sagt er. Seine Frau macht sich jeden Tag mindestens zweimal hübsch, er geht oft in Tennissachen an Deck spazieren.

Für Herrn Puntila und seinen Knecht Matti ist die Reise eine seltsame, vielleicht Furcht einflößende Herausforderung. Jedenfalls denke ich das, als ich die beiden am ersten Tag sehe, wie sie als letzte zum Essen kommen, ihren Tisch gewissermaßen beschleichen, als könnte er ihnen wegrennen. Puntila ist ein schwerer, bärenäugiger Mann, ein östliches Gesicht, rotbackig. Unablässig sichern seine kleinen Äugelchen die Umgebung, er und Matti sitzen allein, was nicht das Übliche an Bord ist. Matti ist kleiner, sieht irgendwie krank aus, erschöpft. Sein Alter kann man schwer schätzen, auf jeden Fall ist er wesentlich jünger als Puntila. Sie sind angezogen, als wären sie nur mal kurz auf irgendeinem Ausflugsboot oder einer Autofähre. Puntila leckt nach jedem Bissen das Messer ab, und bestimmt nicht, weil er nicht weiß, daß man das nicht tut, sondern weil er ein König ist. Über eine Rinderherde? Saure Wiesen, die als Bauland süßes Geld gebracht haben?

Ich lecke mein Messer ab, ihr Spießer, weil ich *Lust*

habe, mein Messer abzulecken! Wenn man ihm länger zuschaut, möchte man es ihm nachmachen.

Matti stochert nur in den herrlichen Speisen, vielleicht ist ihm das alles unvertraut. Puntila ißt seins noch mit. Sie kommen während der ganzen Fahrt als letzte zum Essen, manchmal auch gar nicht. Dann macht man sich Sorgen.

Viele Witwen machen Schiffsreisen. Sie haben oft etwas Dragonerhaftes, eine Art Strenge, die nicht mehr recht weiß, wohin mit sich. Sie tragen harte Frisuren und wehrhafte Kostüme. Ihr Schmuck zeigt das Erreichte. Neben uns am Tisch hält eine besonders martialische Witwe ihre drei sanftmütigen Lunchgefährten an der Kandare. Wir sind das nächstliegende Objekt ihrer Mißbilligung, und sie schafft es, daß ich mich fühle, als hätte ich Löcher in den Strümpfen und Rotz an der Nase.

Sie haben alle etwas rührend Trotziges, diese Witwen: Kommt nur nicht auf die Idee, wir seien einsam! Sie erzählen lange Geschichten über unglaublich erfolgreiche Söhne und Schwiegersöhne, sie zeigen Fotos von den Enkeln, sie berichten über eine lange Reihe von Feinden, die sie besiegt haben. Sie achten sehr auf die Manieren anderer Leute.

Wenn sich eine kokette Witwe zwischen sie verirrt, eine, die sich schmückt, um zu gefallen, die mehr schminkt als den Mund, die von der Uniform abweicht: Die kann was erleben! Vor allem die leuchtenden Vorbilder *anderer* Kreuzfahrten, an denen ungleich feinere, ebenbürtigere und gebildetere Menschen teilgenommen haben.

Uns bleibt nur eine Woche, um unseren Platz im Kreuzfahrtspiel zu finden, begehrte Gesellschaft oder Nervensäge, und um zu begreifen, daß Männer und Frauen zwei Arten von Passagieren sind, die nichts miteinander zu tun haben. Es sind nämlich auch Paare da, und die haben viel Geld bezahlt, um es miteinander schön zu finden auf ziemlich engem Raum.

Manchen gelingt das. Die tanzen dann abends zum Klang des *Terzetts*, und wir staunen alle, was? Schon über sechzig sind Sie? Und die schöne, sorgfältig frisierte und munter gekleidete Frau mit der guten Haltung lächelt und nickt und lächelt ihrem Mann zu, dem man einige Biere und Schnäpse zu viel im Leben ansieht, aber das hindert ihn nicht, mit seiner gut erhaltenen Frau vollkommen fehlerlose Foxtrotts und Quicksteps zu tanzen, die alle übrigen entmutigen.

Die anderen Paare streben auseinander, das heißt, die Männer suchen hilflos nach Gesprächspartnern, man kann sie dann mit ihresgleichen glücklich an der Reling lehnen und sich über technische Daten und das Befahren von Schleusen streiten sehen. Landschaft und Mondschein machen sie nervös. Krankheiten und Ingenieurswissen sind verläßliche Themen.

Auf dem Sonnendeck bilden sich Grüppchen. Man stellt unsichtbare Zäune auf. Handtücher werden zu Nationalflaggen. Hier sitzen wir! Und wenn wieder eine

Schleuse die Usurpatoren dazu zwingt, das besetzte Terrain für kurze Zeit zu verlassen, werden die Feldzeichen in Windeseile verteilt, Sonnenmilch, Brillen, Krimis, Bademützen. Unten an der Treppe warten wir dann, bis wir auf unseren Platz an der Sonne zurück dürfen.

Nur die fränkische Sippe brauchte kein Volk zu bilden, sie war als solches schon an Bord gekommen. Irgend etwas feierten sie, man kriegte nicht raus, was es war. Ein Vater, Tanten, eine Menge Söhne – ihren langen Tisch besetzten sie mit der selbstbewußten Lässigkeit einer betuchten Sippe von Provinzfürsten. Die Witwen schauten abwartend. Zwei von den fränkischen Tanten zeigten bedenklich viele Farben, auch der Schmuck war nicht comme il faut.

Das alles kümmerte die Franken überhaupt nicht. Sie brauchten keine Rollen nach außen zu spielen, sie waren ihr eigenes Publikum. Und die einzigen außer mir, die in der Donau schwammen. »Unsere freudigen Gedanken werden niemals alt, und die Jugend ist ewig.« Ach, Freiherr von Eichendorff, wenn Sie doch recht hätten! Aber die Zeiten, da das Fahren auf Flüssen ein Studentenjux und ein stromschnellenreiches Abenteuer war, sind lang vorbei. Wir sind ziemlich begradigt, wir und der Strom, und eine Menge Schleusen sind eingebaut, damit nichts Unvorhergesehenes geschieht! Für Abenteuerlustige, für die zum Abenteuer zwei gehören, ist ein Kreuzfahrtschiff nicht der richtige Ort! Andererseits weckt die andauernde Sichtbarkeit bei manchen eine gewisse Findigkeit! Sie flirten so geschickt zwischen den Gattinnen hindurch – im Auge des Taifuns sozusagen –, daß diese es entweder nicht merken oder denken, es gehe um den Besitz der Nachbarin. Das lohnt sich aber nur als strategische Übung, als Überprüfung der taktischen Fähigkeiten.

In der Bar werden hilfreiche Getränke serviert: *Donauprinzessin* ist von einem schleimigen, gefährlichen Grün. Einer reicht! sagt die Frau des Schmuckhändlers zum Schmuckhändler.

Die Witwen lassen sich kontrolliert enthemmen, ein ganz junges Tanzpaar aus Bratislava, das zur Unterhaltung von uns verwöhnten Flußfahrern engagiert ist, eint alle in Bewunderung. Sie sind auch wirklich bezaubernd, völlig ohne das, was westliche Profitanzpaare für einen erotischen Gesichtsausdruck halten, diese Mischung aus schlechter Laune und Verstopfung: Diese beiden lächeln und fliegen und schnaufen auch mal. Der Applaus ist nicht lau wie sonst, weil wir ja alle gern so tun, als hätten wir täglich Tanz und Spiel, und uns ein bißchen blasiert aufführen, von Kurzweil lebenslang ermattet, wie die französischen Könige! Manchmal aber vergessen wir die Schiffspassagiersattitude und wissen, daß uns im richtigen Leben nicht viel mehr als *Wetten, daß?* oder eine Skatrunde beschieden ist. Dann klatschen wir ganz richtig und begeistert, so wie jetzt.

Und auch, als die Crew zum Abschied eine Show inszeniert, die Jungs als Schwäne, das ist immer ein Brüller, und Zoltan, unser Steward mit seiner ironischen Würde, hopst wie alle mit. In Budapest mußte er noch Trikots auftreiben, erzählt er.

Eine Woche auf dem Wasser ist sehr kurz. Eine Woche auf dem Wasser sammelt aber unbemerkt so viele Bilder, daß sie für ein ganzes Jahr reichen. Und wenn ich jedes Jahr denselben Strom befahren würde, wären doch die Bilder immer wieder andere.

Erfahrene Kreuzfahrer verstehen sich auf eine Art der Nähe zu ihren Mitpassagieren, die fast wie Freundschaft aussieht, eine kondensierte Mitteilungsfreude, die folgenlos bleibt. Geschichten werden ausgebreitet und in der zweiten Wochenhälfte wieder eingesammelt, und schon nach zehn Tagen zuhause weiß man nicht mehr, wer die drogensüchtige Schwiegertochter, den ungetreuen Gatten oder die Bypässe hatte. Und das ist gut so. Es bleiben natürlich auch ungelöste Rätsel, Puntila und Matti ist so eins. Während wir uns unter blauestem Himmel bei Hitze der deutschen Donau wieder nähern – nun nicht mehr ängstlich, wenn die *Donauprinzessin* wieder in so einem grauen Schleusengefängnis steckt und ihre Flanken an den Mauern schubbert –, frage ich mich, ob auf dem Schiff irgend etwas zu einer Lösung gekommen sein mag. Ein Streit beigelegt? Ein Glück besiegelt? Eine unstillbare Neugier entdeckt, vielleicht auf die schwarzhaarigen Leute in den kleinen Zelten am Fluß, die ihre Kinder und ihre Wäsche in ihm waschen und deren kleine Hunde uns ein Stück am Ufer begleiten, unverdrossen kläffend? Ist

Wißbegier aufgekeimt, zum Beispiel um herauszufinden, wie die Argonauten eigentlich zum Teufel in die Donau gekommen sein sollen? Die Donau will literarisch aufgespürt sein, denn die Mama macht nichts von sich her. Ihre Geschichten zeigen oft dunkle Farben, nichts Seliges.

Puntila und Matti haben in den letzten Tagen angefangen zu grüßen.

Ein Passagier habe einen Herzinfarkt gehabt, sagt der goldblond gelockte Schiffsarzt, den ich lang als solchen nicht erkannt hatte – er schien mir eine besonders dekorative und lässige Art Crewmitglied. Damit die Passagiere nicht durch zu viel Umtriebigkeit in ihrer Flußfahrerruhe gestört würden, dachte ich, hätte die Reederei in ihrer Weisheit einen Menschen in hübscher Uniform dazu abgestellt, eleganten Müßiggang vorzuführen: Dabei war das der Doktor. Der Herzinfarkt wurde am Ufer abgegeben, und kaum jemand hats bemerkt. Eichendorff tröstet:

>>Es schiffen die Gedanken
Fern wie auf weitem Meer,
Wie auch die Wogen schwanken:
Die Segel schwellen mehr.

Herr Gott, es wacht dein Wille!
Wie Tag und Lust verwehn,
Mein Herz wird mir so stille
Und wird nicht untergehn.<<

Im Theater gefangen

Auf dieser Fahrt macht die Prinzessin in Grein Halt – das tut sie nicht immer. Die große Flußfaulheit hat sich in uns ausgebreitet – was wird es in Grein schon zu sehen geben! Wieder ein friedsames Barockstädtchen mit einer alles beherrschenden Kirche, wieder Engelscharen und weißblaugoldene Gipsseligkeit. Wieder ein wunderbarer Blick auf die Donau, die sich durchs böhmische Feldmassiv wälzt. Auf dem Schiff tragen sie bunte Drinks herum, es regnet leise und silbergrau, jetzt wäre im Schwimmbädchen Platz, und ein vielversprechender Krimi ist erst halb gelesen. Meine mitgebrachte Bordbibliothek will gar nicht schmelzen, wie immer ist meine Urangst unbegründet, daß nämlich plötzlich der Lesestoff ausgegangen sein könnte – und das Gott behüte vielleicht irgendwo in den Weiten des Balkans, weit und breit kein Nachschub in Sicht!

Jemand sagt, in Grein gäbe es ein altes Theater zu beschauen. Man kommt ja nicht so oft nach Grein, denke ich. Und ein Theater, das wäre doch vielleicht eine weltliche Abwechslung nach all der sakralen Pracht. Ein

Entschluß wird gefaßt, raus aus dem überdachten Liegestuhl! Theater!

Das Städtchen ist »seit 1958 die kleinste Stadt Oberösterreichs mit ca. 2800 Einwohnern.« Oh rätselhafter Reiseführer! Was war es denn vorher, das hübsche, gelbe, blumenüberschüttete Grein? Oberösterreichs größtes Dorf? Nur zögerlich enthüllt sich die Greiner Geschichte und Bedeutung. Denn alles ist hier anders, die Donau kein kommod dahinströmender Fluß, das Örtchen schützt seine anmutig-schläfrige Bedeutungslosigkeit nur vor. Hier war früher die Donau fast bis zur Hälfte ihrer Breite von Felsen zusammengequetscht und verschaffte sich mit Strudeln und »Schwall, Schäumen und Tosen« Platz. Für die Schiffahrt war hier die gefährlichste Stelle des Stroms zwischen Quelle und Mündung. Aber auf den Riffen, zwischen denen das Wasser hindurchstürzte, saß keine Blondine und sorgte für den poetischen Überbau der Gefahr! Nur die Kaiserin in Wien, der offenbar keine Klippe ihres Riesenreichs entging, ließ Abhilfe schaffen, durch Schiffsringe und Hilfsmaschinen, Sprengungen und Kanalisierung.

Mit Schwierigkeiten läßt sich gut Geld verdienen, das wußten die Greiner. Sie stellten die notwendigen Flußlotsen, auch mußten Schiffe entladen und die Lasten auf dem Landweg transportiert werden, bis der Strom sie sich willig wieder aufbürden ließ. Das war vor allem bei niedrigerem Wasserstand notwendig – und nicht zum Schaden der Greiner Bürgerschaft, die sich das alles gut bezahlen ließ. Das müssen hier überhaupt ziemlich pfiffige Leute gewesen sein, wie wir noch merken werden. Vom sogenannten Ladstattrecht bis zu Raubritterei und Piraterie ist ja nur ein kleiner Schritt!

Uns erwartet tatsächlich eines der ältesten im Originalzustand erhaltenen Theater, die ich je gesehen habe. Ein Getreidescheunchen von bescheidener Größe ist zwischen 1790 und 1791 in ein Rokokotheater verwandelt worden, mit einigen Extras, die an dieser Stelle zur Nachahmung empfohlen werden sollen.

Erst einmal sammeln sich eine heitere Handvoll Menschen im kleinen Foyer, wo Faksimiles der alten Theaterzettel die Wände schmücken. Ach, könnte man doch Stücke sehen wie: *Der Trauerschmaus oder der Bäckermeister Kasperl* oder *Die Schiffbrüchigen,* auch *Gespenster* stand auf dem Spielplan, nicht von Ibsen, oder *Jahrmarkt in Pulsnitz.* Der Zuschauerraum hat sieben Reihen hölzerner Stühle, steil gestaffelt, es wird behauptet, Napoleon sei mal dagewesen, es war aber nur der Maréchal Mortier. Die rechte obere Loge heißt trotzdem noch heute Napoleonsloge. Das ist seit dem Jahre 1805 so, da waren das Theater und eine seiner Erfindungen noch neu. Als Jahresabonnement bekam der Theaterbesucher nämlich einen Schlüssel, damit konnte er seinen angestammten Sitz versperren, so daß sich klärt, aus welcher ausgefuchsten kleinen österreichischen Theatermetropole das noch heute benutzte Wort *Sperrsitz* seinen Weg in die Welt angetreten hat. Von den schön geschmiedeten Schlüsseln zum Kunstgenuß haben nur wenige die Souvenirgier der Moderne überlebt. Jetzt sind die Schlüssel eingesperrt.

Es gibt aber noch mehr Einmaligkeiten zu sehen, zum Beispiel den erhaltenen Bühnenprospekt, die Donaulandschaft mit der Greinstadt und dem Schloß am Hohenstein, westlich. Die Donau ist auf der mürben Leinwand endlich einmal blau, ein verwaschenes Blau, wie die Augen alter Leute. Über ihr schweben drei Genien, eigentlich sehen sie aus wie Putten, aus Gewichtsgründen eher flugunfähig. Aber Theater macht ja Wunder und braucht auch welche. Dieses hier zum Beispiel wird noch immer bespielt, und wenn Vorstellung ist, bleibt von den 163 Sitzplätzen keiner versperrt. Auch der alte Wiener Theateradel in Gestalt von Paula Wessely und Attila Hörbiger hat auf diesen Brettern schon gestanden.

Zu ihrer Zeit – davon gehe ich aus – waren allerdings die beiden interessantesten Institutionen des Theaters nicht mehr in Betrieb. Nämlich, was linker Hand auf den ersten Blick harmlos wie eine Loge, ein kleines, nur lässig abgeschirmtes Séparée aussieht, war in Wirklichkeit ein Klo – das erste und einzige Theaterklo, das ich je gesehen habe. Es war offenbar so, daß die Greiner ein kunstgieriges und teilnehmendes Publikum gewesen sind. Deshalb erschien es ihnen unerträglich, dem Fortgang der Handlung auf der Bühne auch nur für jenen menschlichen Moment nicht folgen zu können. Man muß sich das so vorstellen: eine kleine, hölzerne Loge, ein schamhafter Halbvorhang und statt des Holzstuhls so ein Plumpsding, wie es auf dem Land hinter der mit einem Herzen versehenen Tür zu finden war.

Die besichtigende Besucherin fühlt eine ganze Fontäne von Fragen in sich emporschießen und traut sich nicht, sie zu stellen. Das Kommen und Gehen muß doch Unruhe verbreitet haben? Und was sich sonst noch verbreitet haben mag, kann man sich ja denken. Die umliegenden seien wohl nicht die beliebtesten Plätze gewesen, sagt der wirklich wunderbare Fremdenführer, dem unser Häuflein Schiffsfahrer sich angeschlossen hat. Eine Führung, wie sie der ortsansässige Chorleiter macht – kenntnisreich, leidenschaftlich und witzig –, ist nach vielen entweder strengen oder kunstmüden Damen und Herren ein echtes Geschenk. Er liebt, was er zeigt. So einfach ist das.

Ich komme vom kunstsinnigen Abtritt nicht gleich los. Sie sind ja nicht genant gewesen damals, man kennt das von den Leibstuhlaudienzen diverser Könige, und überhaupt fällt mir ein, daß dieses Gelaß sogar für eine gewisse Modernität spricht! In den riesigen Schlössern jener Zeit hat es überhaupt nichts dergleichen gegeben. Man sei zwischen die Türen gegangen, hat meine Großmutter mir einmal entnervt gesagt, nachdem ich sie im Schloß Solitude stundenlang gelöchert hatte: Wo denn? (Damals habe ich geglaubt, daß es Doppeltüren nur zu diesem Zweck gegeben habe.) Also ist das Greiner Theater ein Vorreiter in Sachen Hygiene.

Das ist aber noch nicht alles. Auch um die Resozialisierung haben sie sich verdient gemacht, indem nämlich gegenüber dem Theaterklo eine Gefängniszelle eingerichtet war. Der jeweilige Arrestant konnte durch ein Fensterchen den Vorstellungen folgen, aber anstatt dankbar für solche Abwechslung zu sein, machten die Kerle Radau. Die Greiner ließen sich etwas Verblüffendes einfallen (warum man nicht einfach einen anderen Knast ausgesucht hat, wage ich nicht zu fragen, es wäre irgendwie unpassend, spießig und teutonisch!). Man reichte dem Häftling vor Beginn der Vorstellung Brot und Speck in die Zelle, wohl auch ein wenig Wein und Obstler, was man halt an guten Gaben hatte. Die Eingesperrten waren beschäftigt, hatten den Mund voll und konnten nicht randalieren. Das sprach sich rum unter den Gaunern des Reiches. Man ließ sich in Grein gern einsperren.

Natürlich macht einen die Ignoranz der Straftäter ein bißchen nachdenklich und legt den Schluß nahe, daß mangelnde Begeisterung für die Bühne, für die Kunst, gradenwegs ins Verderben führt. Plumper Materialismus, die ausschließliche Bauchbefriedigung: Man sieht sie förmlich fressen und rülpsen in ihrem Gelaß, während sie doch auf der Bühne Nahrung für ihre schwarze Seele hätten finden können!

Grein ist einer der vielen Donauorte, an denen man länger würde bleiben wollen. Der Fremde ist ja immer grade so lang irgendwo, bis er ein paar Geschichtenanfänge in den Kopf gekriegt hat, Fäden, die weiter zu verfolgen er Lust bekommt. Vielleicht ist das die einzige Rache, die Fremdenorte an den ersehnten und verabscheuten Gästen nehmen können: ihnen die Zähne lang machen nach der Wirklichkeit hinter den hergerichteten Wänden, dem freundlich gebleckten Lächeln, den hundert Festen und Vergnügungen.

Da muß doch was sein, denkt der Gast, lächelt zurück, meckert über den Wein oder auch nicht, kauft eine Wurzelhexe, ein abscheuliches Weinglas oder den fünften Stadtplan, obwohl er eine Wiederkehr nicht plant.

Auch das Greiner Theaterchen strahlt so was tückisch Triumphierendes aus: Man kann es euch Auswärtigen hundertmal erklären, sagt es. Aber verstehen werdet ihr es nicht. Auf der einen Seite hockt der Ausgestoßene und frißt sich voll, weil ihm die Kunst wurscht ist, und auf der anderen erleichtert sich ein anderer öffentlich, weil er von der Kunst nichts verpassen will.

Als die Russen gekommen seien, erzählt der eingeweihte Führer, hätten sie eigentlich im Theater nicht viel angerichtet. Nur die Schmucksterne geklaut, die überall am Holz angebracht waren: Die hätten sie an Sowjetsterne erinnert. Vielleicht haben sie aber auch eine gewisse Wesensverwandtschaft mit der Greiner Unbekümmertheit gespürt. Im Schloß hätten sie sich nicht so gut aufgeführt und sämtliche Möbel der Queen Victoria mitgenommen.

So klein der Ort ist, so spürbar ist seine Erfolgsgeschichte. Denn nicht nur das Lotsengeschäft hatten sie in den Händen und das Verladerecht, sondern auch einen Vorkauf auf alle hier ausgeladenen Waren und das alleinige Tauchrecht nach gesunkenen Schätzen. Die Donau hat an dieser Stelle genommen und gegeben und sich wüst aufgeführt. Schwer, sie sich heute als Hauptmacht vorzustellen, als Herrin über Leben und Tod, Armut und Reichtum.

Menschen, die an so exponierter Stelle gesiedelt haben, gewinnen eine besondere Art Stolz und vielleicht auch ein bißchen Eigenmächtigkeit – unschwer kann man sich vorstellen, daß man Schiffe mit besonders begehrter Ladung nicht mit allen Kräften am Sinken gehindert hat! Adalbert Stifter schreibt über eine Fahrt auf dem gefährlichen Wasser: »Nach überstandener Gefahr verwandelte sich das Bittgebet der Menschen in ein Dankgebet.«

Es war auf der Talfahrt, also auf dem Hinweg, als ich die älteste der Schleusen, Ybbs-Persenbeug, das erstemal gesehen habe: Früh gegen halb sieben, und die Donau hatte den »Silberblick«, von dem Stifter schreibt. Die Schleuse von Ybbs hat die Donau bei Grein gezähmt. Es ist ein seltsames Gefühl, wenn das Schiff plötzlich zwischen Betonwänden versinkt und man wie in einem Gefängnis unterhalb des Wasserspiegels sitzt, gehoben und wieder gesenkt, und wie sich die Kabinenfenster verdunkeln und wieder erhellen. Es soll Leute geben, die Anfälle von Klaustrophobie bekommen, dazu haben sie auf dieser Fahrt zweiundzwanzigmal Gelegenheit, in elf Schleusen, eine in Deutschland, eine in der Slowakei und neun in Österreich.

Hier in der Gegend von Ybbs geraten wir in den Zauberkreis der Nibelungen, deren Donaugeschichte über dem dominierenden Rhein gern in Vergessenheit gerät. In Sachen Nibelungenvermarktung, das muß gesagt werden, sind die Donauanrainer den Rheinbewohnern unterlegen. Der sogenannte Nibelungengau umfaßt nicht einmal zwanzig Flußkilometer.

Es fällt mir schwer, mir den martialischen Troß mitsamt seinem neurotischen Familienleben an diesen Ufern vorzustellen, Wagners wunderbares Begleitgetöse paßt – für mich – nicht zu diesen Wellen.

Da liegt mein Denkfehler: Nicht Wagners Musik, sondern die im Nibelungenlied erzählte Geschichte kann einen die Donau entlang begleiten, das Stückchen Erde zwischen Ybbs und Weitenegg hat sich die Überlieferung nur stellvertretend als »Nibelungengau« herausgenommen. In Wahrheit können wir den prachtvollen und unheildrohenden Zug der zu Tode gekränkten Kriemhild von Passau über das »Bechelaren« genannte Pöchlarn bis Esztergom, wo die Burg des Königs Etzel stand, begleiten. »Das erste Nachtquartier hielten sie an der Donau«, heißt es in der einundzwanzigsten Aventiure.

An der Donau ist es, wo sich die Begleiterscharen, die den Zug von Worms aus eskortiert hatten, verabschieden. Auch die Brüder Gernot und Giselher tun es, ahnungslos. Allein bleibt sie aber nicht: »Da nahm die Königin viele schöne Mädchen, hundertundvier an der Zahl, mit auf ihre Reise: Die trugen alle kostbare Kleider aus bunten erlesenen Seidenstoffen. Viele breite Schilde hielt man nahe auf den Wegen zum Schutz der Damen bereit.«

Über Pföring geht es nach Passau, wo Kriemhild fürstlich empfangen wird. Und weiter wälzt sich der Strom von Gefolgsleuten, Reitern, Küchenmeistern, jungen Mädchen, Spielleuten und Zofen die Donau hinunter.

Kriemhild, die schöne Witwe: Hat sie auf dem beschwerlichen und langen Weg in ihr neues heidnisches Reich schon begonnen, das Rachenetz zu knüpfen? Ihr Todfeind Hagen hatte es geahnt und sie nicht in die neue Ehe gehen lassen wollen. Es ist ein Weg der Abschiede. Stationen benennt der Sänger, Melk zum Beispiel, Treismauer, dann Wien. Und streut fast beiläufig nach einer fröhlichen Verabschiedung – man reichte sich die Königin auf ihrem Weg gleichsam weiter – den ahnungsvollen Satz ein: »Niemals sahen sie einander nach dieser Zeit wieder«.

In Tulln in Oberösterreich trifft Kriemhild auf ihren neuen Mann und sein wildes Gefolge. Die Vorhut, die zum Empfang der neuen Herrin aus den Weiten des Ostens herbeigeritten war, sah wohl beeindruckend genug aus: Christen und Heiden aus Griechenland und

Rußland, Polen, Walachen, Kiewer und Petschenaren. Dort, in Tulln, gleich bei Melk und Grein, »lernte Kriemhild manchen fremden Brauch kennen, den sie vorher noch nie gesehen hatte. Viele kamen da zu ihrem Empfang, denen später großes Leid durch sie geschah.«

Auf der zahm gemachten grünen Donau, sanft an den zahmen Städtchen vorbeiziehend, mit der Erinnerung an das Theaterchen von Grein und seine Besonderheiten, ist das Nibelungenlied eine wunderbare und überraschende Lektüre. Man bevölkert die lieblichen Ufer unwillkürlich mit den bunten Figuren, aber plötzlich werden sie etwas anderes als Geschichtstheater, keine alten Papierpuppen, keine hübsch barbarische Exotenversammlung. Sie sind ganz lebendig, die Machos auf ihren geschmückten Pferden, die in ihr Verderben reiten und keine Ahnung haben vom Schicksal, das ihnen von einer zu Tode beleidigten Frau zubereitet wird. Die ist aber auch nur ein Werkzeug, eine Marionette in der Hand der Götter.

Wie gut, daß einem hier an der Donau nichts die Form der Erinnerung, der Vergegenwärtigung vorschreibt. Keine Denkmäler und Souvenirs, nur die herrlichen, grausamen Verse.

Kriemhilds Hochzeit mit König Etzel in Wien dauert siebzehn Tage, und alle Gäste »trugen nachher ganz neue Kleider«.

Man macht sich gegenseitig die kostbarsten Geschenke und versucht einander in Freigebigkeit zu übertreffen. Kriemhild will nichts von dem behalten, was sie vom Rhein mitgebracht hat. Bei ihrer Hochzeit weint sie. Aber sie zeigt es keinem. Und plant ihr todbringendes Fest.

Grad bei Dürnstein

Grad bei Dürnstein, singt der große österreichische Spötter Georg Kreisler, grad bei Dürnstein werde eine Frau nicht übelnehmen, wenn man sie umbrächte, denn »grad bei Dürnstein ist die Donau doch so wunder-schön« – erinnert man sich? Ist sie wirklich. Die Stiftskirche sieht aus wie mit Schlagobers an den Himmel gemalt, denn sie ist blau und verschwände völlig in ihm, hätte sie nicht ihre sahneweißen Begrenzungen. Steile Kletterpfade steigen die Kurzbehosten empor, sie wissen noch nicht, daß sie ein Feuerwerk von Dichtkunst verschiedener Art erwartet. Hernach wird sich herausstellen, daß sie es gar nicht gemerkt haben. Dabei sind wir in der Wachau! Die öffnet doch alle poetischen Adern!

In der Kirche geht es mit der Dichterei schon los, man kann gar nicht so schnell abschreiben, wie man Entdeckungen macht. Da kriegt man nur am Rande mit, daß hier mehr als hundertzwanzig Paare im Jahr den Bund fürs vorläufige Leben schließen. Eine Statistik, ob die hier geschlossenen Ehen haltbarer als andere sind – umgeben von so viel Segen könnte das doch sein! –, war nicht zu bekommen. Das goldene Halbrelief am Beicht-stuhl spricht (Joannis VIII) eine realistischere Sprache und wendet sich an die Ehebrecherin:

> Hier Christus schreibt in Staub
> Spricht seyd ihr ohne Sünd
> So werfft ihr wer denn fromb
> Den ersten Stein aufs Weib
> Da giengen alle forth
> Sich keiner wollte finden
> Die Sünderin warnt der Herr
> Geh hin und rein verbleib.

Rund tausend Jahre ist Dürnstein, die Ansiedlung auf dem »dürren Stein« alt, und rund tausend Einwohner hat es. Es liegt an der schmalsten Stelle des Donautals in der Wachau. Auf jedem handtuchgroßen, was sag ich, ta-schentuchgroßen Fleck Erde, der an den Hängen zu fin-den ist, haben sie Wein angepflanzt. Schon seit Hunder-ten von Jahren tun sie das, die steilen Hänge verdoppeln die Sonne für die Reben, die Winzerei ist ein mühsames Geschäft. Aber Ebenen, in die man hinunterpflanzen und die kompatiblen EG-Tröpfchen anbauen könnte, gibts hier nicht. Dafür eine Menge schöner, alter Höfe. Eine gesegnete Gegend ist die Wachau, deswegen muß sie so viele poetische Umarmungen ertragen: »wann i das Platzerl nur wüßt …« – es gibt solche tausendfach abgeküßten Gegenden, die haben es nicht leicht. Die

Wachau gehört dazu, allein bei Nennung ihres Namens glaubt man leises Geigengeweine und Zithern zu hören.

> Marianndl – anndl, anndl –
> aus dem Wachauer Landl – landl
> Dein lieber Name, klingt
> mir wie ein liebes Wort ...

Ach. Eine Schellackplatte der frühen Fünfziger, um zu vergessen, was nur wenige Jahre vorher aus Österreich gekommen war. Allererster Urlaubsschlager für die noch einmal Davongekommenen, und eine Flußlandschaft zum Schluchzen und Schwärmen, die auch noch Stoff für wunderbare Räusche bereithält.

Es wird ein Wein sein, und mir wern nimmer sein.

Die Stiftskirche Mariae Himmelfahrt, die im Jahr 1723 geweiht worden ist, hält kräftige gedichtete Antikörper gegen allzuviel wachauische Donauseligkeit bereit:

> Schaut wie der Herr die Sünd
> Zu Fluten kann verdammen
> Wan ohn den Zimmermann
> Des Schiffs die Welt ersaufft
> Ihr Menschen tilget doch
> In Euch der Wollust Flammen
> Eh Gott die geile Brunst
> Mit gleichen Regen tauffet

Und der Bußfertige sieht auf dem goldenen Weltuntergangsbild unter viel anderer verlorener Kreatur einen ersaufenden Elefanten. Auf der Terrassenbrüstung der Stiftskirche sitzen anmutig rundliche Putten und warten auf Auswärtige, die sie zum Fotografiertwerden umarmen. Einer hält ein goldenes Flammenherz wie ein Siegeszeichen in die Landschaft, man sieht es weithin leuchten, triumphierend über der moosgrünen Donau. Und wieder hat man sich nicht gescheut, zu zeigen, daß den Designern nichts, aber auch nichts einfällt, das mit der Stiftsarchitektur und der Einrichtung auch nur mithalten könnte, meinetwegen bescheiden – anders ist es ja gar nicht denkbar! Diesmal haben sie sich an einem Augustinus-Meditationsweg versucht, und da ist wieder wie an vielen Orten die Gemeindezentrumsästhetik, die dem Beschauer nichts zutraut, ihn nicht erhebt und schon gar nicht entzückt, ein tautologisches Greuel: Wenn von Zersplitterung die Rede ist, bekommt man ein zersplittertes Bild gezeigt, das Wort »Spiegelbild« ist auf einen Spiegel geschrieben. Daß neben einem Spruch, der sich mit stillen Orten beschäftigt, die WC-Tür ist, mag nur ein hübscher Zufall sein. Es fiele einem vielleicht gar nicht auf, wäre man nicht so üppig mit interpretatorischen Kalauern gefüttert worden. Die verschwinden aber schnell aus dem Gedächtnis und lassen einen augustinischen Spruch zurück, ganz ohne Garnierung:

Und siehe
Fasse ich mich selbst
Ins Auge, stehen da zwei:
Leib und Seele
Er draussen, sie drinnen.

In dieser Stiftskirche und bei der Besichtigung der übrigen Räume scheucht einen niemand. Man kann verweilen und ein bißchen träumen, Wege zwei- oder dreimal wiederholen, zurückkehren zu Bildern, die man genauer sehen will. Allein die Decken in der Sakristei und die Fresken in der Gruftkapelle lohnen eine Genickstarre. Und dann gehen wir zurück in den Dürnsteiner Alltag und können neben Wein, eingelegten Pilzen, Kräutersäckchen und anderem landestypischem Halbnützlichem auch Gedichte kaufen. Nicht in einem Buchladen, sondern in einem ganz normalen kleinen, dunklen Dürnsteiner Haus. Auf einem Tisch in einem altertümlichen Raum liegen schmale blaue Bändchen, die Autorin heißt Lina Schmelz. Eine jüngere Frau kommt die Stiege herunter, aber es ist nicht die Dichterin, und sie schreit hinauf in den ersten Stock, was der Band *Wachaugeflüster*, den ich mir ausgesucht habe, denn koste. Es schreit zurück, und die Frau sagt zu uns: Die Künstlerin is grad beim Essen. Auch meine Bitte um eine Signatur des Buches lockt sie nicht zu uns herunter, denn: Is scho! – was heißen soll, das Buch sei schon signiert. So ziehen wir ab und schauen das Häuschen an, wo es poetischen

Eigenbau zu erwerben gibt, was viel nützlicher ist, als das fünfzigste Lavendelsackerl zu kaufen. Die vermehren sich in jedem Haushalt zur Ferienzeit wie eingelegtes Irgendwas in Gläsern, das seltsamerweise jahrelang jede Speisekammerausmistung übersteht, weil es einem leid ist um die längst antiken Schwammerl, Käsewürfel oder Kürbisstücke.

Auch der Souvenirwein hält meistens den weiten Heimweg nicht gut aus, grade wenns der simple Saufwein ist, der unter bunten Weinranken und Lämpchen, an rauhen Tischen mit schwer zu verstehenden Einheimischen zusammen für einen hellen, wunderbaren Rausch gesorgt hatte. Daheim stellt man meistens fest, daß irgendwo unterwegs der kleine schöne Gott erfroren sein muß, der dringesessen hatte.

Gut, auch Gedichte halten nicht jeden Transportweg aus, räumliche oder zeitliche, das kennt man. Aber nützlicher als krümelnde Gewürzsträuße und ungefährlicher als schlecht verpacktes Hagebuttengelee sind sie allemal.

Ich weiß nichts von der siebenundsiebzigjährigen »Weinhauerin und Hausfrau« Lina Schmelz. Ich habe eine kurze Zeit an dem Ort verbracht, den sie liebt und besingt. Ich habe in das kleine alte Haus geschaut, das ihren Gedichtladen beherbergt und nach sehr gutem Essen gerochen hat. Ich habe überlegt, was für das Kind einer Weinhauerfamilie in den Zwanzigern bedeutet haben mag, wie es in der lakonischen Vita heißt: »In ihrer Freizeit war Lesen ihr Hobby.«

Und der wunderbare gleichsam wachauische Satz: »Neben ihrer vielseitigen Betätigung… waren poetische Gedankenflüge ihre ständigen Begleiter.«

Natürlich fließt die Donau beharrlich durch die Gedichte der Lina Schmelz, auch die imaginäre blaue. Die verschwiegenen Wege, der Strand, die Verstecke am Ufer, der Wein, das silberglänzende Band.

> Viel schöner noch als Worte
> Klingt der Donau Lied
> Durch die Wachauerorte
> Wenn der Wein dort blüht.

Ich sage nicht, daß ich eine versteckte Droste in den Dürnsteiner Gäßchen gefunden habe: Nur eine alte Frau, die sich ihre Muse gönnt, in Gedichte packt, was ihr so in den Sinn kommt und darauf vertraut, anderen damit ein Geschenk zu machen. Eigentlich schön, so einen kleinen Poesiekaufladen zu haben und einen freundlichen Menschen, der die lästige Welt von einem fernhält: »Die Künstlerin is grad beim Essen.«

> Ein Abend an der Donau
> nach des Tages Hast
> Gedankenverloren lauschend
> ruhn die Hände im Schoß
> Und allen Kummer, alle Last

Wirst du, mit den Wellen plauschend
beglückend wieder los …

Es gibt noch das neue Schloß und die Klarissinnen-Kir-
che und natürlich die Burgruine hoch über Stadt und
Strom, und das ist noch längst nicht alles und auf jeden
Fall mehr, als die Fremden sich in der kurzen Zeit, die
ihnen der Schiffsfahrplan oder der Reisebegleiter gönnt,
einverleiben mögen. Zumal alle Bilder, die die Stadt
schenkt, ein bißchen angefeuchtet sind: Auch Ungeüb-
te lassen sich auf den hiesigen Wein ein, getreu der
unzerstörbaren Meinung, Wein im Urlaub und als touri-
stisches Ereignis mit wissenschaftlichem Anstrich: *Weinprobe!* – habe keinen Alkohol. In den tückisch kühlen,
bewachsenen Höfchen lernen der Westfale und die
Sächsin ganz neue Kontinente der Empfindung und der
Gelöstheit kennen. Das ist auch der Dürnsteiner Dichterin nicht verborgen geblieben:

Und der Wein tut seine Wirkung, das sieht man wohl,
die einen macht er still und die anderen ganz toll.
Der eine tut singen, der Andere schläft ein,
er bringt allerhand zuwege, der heurige Wein.

Manch ein reglos im Schatten sitzender Dürnsteiner,
dessen Weinglas sich in vielen Stunden sachte und zügig
leert und wieder füllt, leert und wieder füllt (man sieht
gar nicht, wie, nur daß der Wein eine wunderbar hell-

grünliche Farbe hat und manchmal die Sonne ihn zum Funkeln bringt, ein Sonnenfleck, der durchs Weinlaubdach gefunden hat), beschaut sich die Gruppen, die zur Weinprobe geschleppt werden. Immer, wenn sie grade dabei sind, sich angenehm einzutrinken, werden sie wieder rausgescheucht aus dem stillen, belaubten Paradies.

Was mag er denken, der Einheimische? Daß sie alle damisch sind, die Piefkaneser? Oder nennen die Dürnsteiner ihre geliebten Nachbarn anders? Es sagt einem ja keiner die Wahrheit, wenn man fremd ist. Die echte Weinfreundin läßt sich auf die gefährlichen vormittäglichen Verkaufsschlückchen nicht ein. Es wird sich ein langer Abend finden mit einem angenehmen Mond, an den Ufern der Donau.

Wenn es nicht anders geht, in einem stillen Winkel der *Donauprinzessin:* Dem Geschmack des Weins allerdings wird das schaden: Nirgendwo ist er besser und erleuchtender als in den alten Höfen, in deren Kellern er daheim ist.

Später, auf dem Weg hinunter zum Schiff, denke ich wieder ans Ausreißen. Natürlich ist das der Trick bei solchen Flußfahrten: all die schon in reifen Jahren stehenden Menschen gut in einer komfortablen schwimmenden Schachtel zu verpacken und ihnen dann Abenteuerchen in homöopathischen Dosen vor die Nase zu halten, damit im Herzen ein paar verwegene kulturelle Johannistriebe entstehen können: Vielleicht noch mal studieren? Kunstgeschichte? Oder Theologie? Einen

Weinberg kaufen und eigene Flaschenetiketten entwerfen? Den Bootsführerschein machen, einen Donauberg erklimmen, sich verlieben? Was mich betrifft, falle ich auf alle Gedanken der Reihe nach herein, als ich die Fähre Dürnstein-Rossatz erblicke. Was ist schon an einer Fähre? Diese erscheint so unglaublich gut gelaunt, ein Nußschälchen mit einem bunten Sonnendach, wie von Kindern gemalt sieht sie aus und läßt respektvoll erst einmal die große *Monet* vorbei. Dann stürzt sie sich, an ihrem Seil wie ein Hampelmännchen hängend, in deren Bugwellen und tanzt wie ein Sektkorken über die Donau, mit Fahrrädern, Liebespaaren und Kindern beladen. Ach, mitfahren! Die Flußseite wechseln! Drüben locken fremde Strände aus feinem Sand und große Felsen. Aber es ist keine Zeit mehr dafür, drum bleibts ein Traum, und so ist das gedacht. Zum Trost wird man mit Kuchen und Häppchen vollgestopft und zieht stolz in der Mitte des Stroms an Stein vorbei. Dazu gehört natürlich Krems, die alte Handelsstadt, die ihr Donauufer mit ein paar scheußlichen Hochhäusern verschandelt hat.

Die Wachau wird flacher und breiter, die Berge ziehen sich zurück, und mir fällt das idyllenresistente Lied vom Qualtinger ein, das voll Mitleid mit zwei Mördern sagt:

Frau Tant, Frau Tant, zwengs Eahnara Kredenz
Miassn zwaa Hawara jetztd in Staa vakumma …

Das nämlich fällt mir zu Stein ein, daß es da ein Zuchthaus gibt, in dem des seligen Qualtingers Hawara, was man mit Kumpels oder eigentlich gar nicht übersetzen könnte, jetzt verkommen, bloß weil die Frau Tant so eigen mit dem Inhalt der Kredenz, was man mit Anrichte oder eigentlich gar nicht übersetzen könnte, gewesen ist.

Wahrscheinlich liegt es an einer teutonischen Grundübung, deren Variante jetzt auf dem Sonnendeck des Schiffs zu beobachten ist, daß mir zum Abschied von Dürnstein und Stein und der Wachau überhaupt nicht Blondel einfällt, der rührende Knappe des Richard Löwenherz, sondern Qualtinger. Blondel suchte seinen gefangenen Herrn damals im zwölften Jahrhundert, indem er die erste Strophe eines Liedes sang. Und ich schaue zu, wie die Schiffsfahrer hastig ihre Liegestühle diebstahlsicher machen, wenn wieder eine niedere Brücke kommt und sie aufs untere Deck müssen. So wird der wiegende Abschied erleichtert, nicht mit:

> Stimmt sein Spiel zu sanfter Weise
> Und beginnt sein Lied dazu:
> Denn sein Ahnen sagt ihm leise
> Suche treu, so findest du!

Sondern: Sehen Sie nicht, hier liegt *Mein Handtuch!* Und übrigens habe ich *gestern* schon hier gesessen! Dazu paßt, oh ihr entschwindenden lieblichen Hügel der Wachau, der Qualtinger besser:

Dein Stolz, den host ins Pfanndl drogn …

Und das kann man mit Pfandhaus übersetzen oder eigentlich gar nicht …

Die lakierte schöne Frau

Kurz bevor ich melancholisch werde, weil ich denke, daß ich wie alle, alle, die sich ins Stift Melk auf den Weg gemacht haben, aussehe – wie von Haderer gemalt, nämlich – abscheulich und aufgegeben, in schwarzer Kapitulation vor dem Gejubel des Barock – kurz davor entdecke ich Clemens. Ich adoptiere ihn, was ihn nicht zu stören scheint, ich weihe ihm eine Kerze und bitte ihn um Schreibglück, weil er aussieht, als hätte er Spaß dran, einem das zu gewähren. Clemens ist eine Leiche, eine besonders hübsche. Und Stift Melk ist für den Mitteleuropäer des dritten Jahrtausends ein schwieriger und demütigender Ort. Nur merken die meisten das nicht, stiefeln durch, als gehörten sie da hin, kein Gänsehäutchen überrieselt ihre sichtbar weißen Waden, kein fettiges Nackenhärchen sträubt sich. Und du siehst aus wie die, denke ich.

Für die Kirche des Stifts sind fünf Kilo Blattgold verwendet worden, damit hätte man wahrscheinlich sämtliche Donaudampfer und halb Wien dazu golden machen können. Bis in die goldene Kirche des Stifts und damit bis zu Clemens ist ein weiter Weg zu gehen, quer durch die Lebensgier und den Todestrotz des Barock, mit kleinen Fühlern, die schon in die Verrücktheiten des Rokoko reichen, und ernsteren frühgotischen Wurzeln.

Mit denen haben sie in der Barockzeit kurzen Prozeß gemacht, im stolzen Bewußtsein, einen einzigartigen Bau schaffen zu können, der sich um seine Vorgänger nicht zu scheren braucht. Seit dem Frühlingsanfang des Jahres eintausendneunundachtzig »leben und wirken ohne faktische und juristische Unterbrechung Benediktiner in Melk«. Bücher sind hier geschrieben, gemalt und aufbewahrt worden, die Internatsschule gibt es immer noch, und tagein, tagaus, stehen Menschen auf der Kaiserstiege und warten, bis sie zu den tausendfachen Wundern des Stifts dürfen.

Unglaubliches Glück hätten wir, sagt der Führer – ohne ihn oder sie gehts nicht, und allein darf man schon gar nicht, oder vielleicht, wenn man den Abt kennt, und ich ertappe mich dabei, daß ich mir nichts dringender wünsche – also, ein ganz besonderes Glück, weil das Melker Kreuz zu sehen ist. Dieses Kreuz beherbergt in seinem Inneren einen Splitter des Kreuzes Christi. Ich kann es ganz aus der Nähe sehen, und vergessene Geschichten kommen mir in den Kopf, aus der Regensburger Nonnenschule, nicht gar so weit entfernt am gleichen Strom: Wenn man alle Splitter vom Kreuz Christi nähme, käme ein ganzer Wald zusammen.

Wenn wir uns als Kinder solche Geschichten erzählten, schüchterne Versuche, frech zum lieben Gott zu sein, erwarteten wir umgehendes Grollen vom Himmel, Blitzschlag oder mindestens einen Fünfer in Rechnen.

Das Melker Kreuz leuchtet, und seltsamerweise drängelt und schiebt niemand.

Vielleicht ist doch ein echter Splitter im Inneren der beiden miteinander verschraubten Kreuzhälften?

Der Hunger der Barockmenschen nach Reliquien, und da gibts die seltsamsten und nicht immer appetitlichen Sachen, mag mit einer tiefen Unsicherheit zu tun haben. Etwas Handfestes braucht man, denn Glauben als einzige Tragfläche des Lebens ist schwierig! Lieber einen echten Zahn, ein Stückchen Zunge, ein ausgerissener Fingernagel von Heiligen, die viel gottwohlgefälliger waren, als man es selber je schaffen würde. Mit deren zur himmlischen Seligkeit führendem und meist ziemlich scheußlichem Ende wollte man eigentlich nicht konkurrieren – ein bißchen teilhaben aber doch an Grusel, Tod und Verklärung. Deswegen sind all diese Hautfetzchen, Zähne, Folternägel und eben Kreuzsplitter auch so wundervoll geschmückt. Ein bißchen Verklärung schon im Diesseits, zum Anfassen.

Die Vorderseite des Melker Kreuzes, das etwa so groß ist wie ein Buch, besteht aus Gold und Perlen und zeigt den Gekreuzigten und die vier Evangelisten. Die Rückseite ist noch prachtvoller, mit Edelsteinen, rund und bunt wie Bonbons und einer kleinen Gemme, die wie ein Engel aus dem Goldgewirr herausschaut.

Eigentlich müßte man jetzt hinausgehen können auf

den großen Innenhof, oder von der Altane hinunter auf die Donau schauen, und nicht so unerbittlich Reichtümern ausgesetzt sein, die einem auf hunderterlei Art Gestaltungswillen, manchmal Gestaltungswut, triumphale Eroberung des leeren Raums und der Fläche und den Wunsch zeigen, den Himmel auf Erden wirklich werden zu lassen.

Aber es nützt nichts, wir bleiben Teil des Trüppchens und müssen einen alten Trick der Überwältigungsvermeidung anwenden: Was würdest du, wenn du könntest, klauen?? So kann man gefahrlos über die Liebe reden, zur Cranachschen Madonna in der Weinlaube beispielsweise, für deren platonische Inbesitznahme man eine Menge Deckenfresken, Silberkelche, Herrscherporträts und Monstranzen einfach beiseite läßt. In bunten Wolken und glitzernden Taumeln begleiten sie die Besucher sowieso. Imaginäre Raubzüge sind im Stift Melk besonders ertragreich, auch wenn manchmal immobile Dinge zum Objekt der Begierde werden, der Elefant vom Deckenfresko im Gartenpavillon oder der Strauß, der sich auch dort findet, wie eine dämliche Ballerina aussieht und sein Ei festhält. Die Flucht ins Detail wird aber immer wieder von Räumen unterbrochen, von der sieghaften Schönheit der Säle und der Bibliothek, die das wichtigste der hier angelegten irdischen Paradiese ist – wenigstens für mich.

Hier könnte man, dürfte man denn bleiben, die Zeit anhalten. Ein Geruch nach Weisheit ist zu spüren, viel-

leicht aber nur nach Lederwachs, der große Himmels-
globus von Coronelli zeigt die Gefahren, denen man
entgeht, wenn man sich nicht in der Welt herumtreibt,
sondern in Büchern.

Der Weg in die Bibliothek hat über die Altane ge-
führt, die den Marmorsaal und sie verbindet, den Blick
auf die Kirchenfassade ebenso frei ermöglicht wie den
tief hinunter zur Donau. Und man sieht auch auf ein
Kraftwerk, für das zielsicher einer der schönsten Land-
schaftspunkte in den Donauauen ausgesucht worden ist.
Wie verläßlich der Haß der Moderne auf die Schönheit
ist, kann man hier ein weiteres Mal anschauen.

Die Altane verbindet mit großem baumeisterlichem
Selbstbewußtsein Architektur und Lage, nicht anders
kann der riesige Bau auf seinem Felsen thronen, jeder
Winkel, jede Perspektive stimmt. Wieder mag ich mit
dem Trüppchen nichts zu tun haben, man müßte ausreißen, sich einsperren lassen im Stift, und wenn es nur
wäre, um von der Altane aus die Sonne untergehen zu
sehen oder in der Bibliothek ein bißchen zu lesen.

Die Farben der Bibliothek sind braun, gold und him-
melblau. Sie ist bevölkert von allegorischen Figuren, die
dem Erdenkind dabei helfen sollen, vor den Bergwerken
des Wissens nicht zu verzagen. Ein bißchen betäubt stu-
diert man Gaetano Fantis Deckengemälde, der Glaube
ist eine Frau und scheint sagen zu wollen: Wenn dein
Verstand nicht ausreicht, armes Menschlein – sie trägt
das Buch mit den Sieben Siegeln –, dann gibt es ja immer

noch mich. Andererseits – würde man ein bißchen agnostisch denken – könnte man in diesem Bücherschatz Jahre zubringen, ohne Zuflucht zu der himmlischen Dame zu suchen.

Die in einheitlichen Einbänden – jemand hat ausgerechnet, wie viele Schweine für die eleganten Bücherhäute sterben mußten, ich habe die Zahl aber vergessen, stattliche Herden jedenfalls – verborgenen Wörter bleiben uns entzogen, ich finde aber andere, sehr barocke: In einer Glasvitrine liegen unbeachtet Wachsmodelle alter Obstsorten, mit kleinen Schildchen, auf denen ihre Namen stehen: Da gibt es die *Frühe gelbe Apothekerbirne*, einen *bon chrétien d'automne*, was mich grübeln läßt, wie wohl ein guter Herbstchrist aussehen mag.

Eine *Große rote Schafsnase* ist zu bewundern, ein *Tulpenkardinal* und eben die Favoritin, meine Favoritin, die für ewig in Wachs nachgebildete Namensgeberin: *Die lakierte schöne Frau*. Das ist kein Setzfehler, so stehts auf dem vergilbten Schildchen geschrieben, und auch die Beinamen der schönen Frau sind verzeichnet: *Zinks rothe Jungfraubirne* und *Eine rothe Syrenenbirne*.

Man könnte, triebe einen das notwendige Durchspültempo nicht weiter, in den Vitrinen lesen wie in Gedichten, sie stehen im sogenannten Prachtraum und zeigen ihre eigene unscheinbare, aber üppige Pracht. Das Material Wachs geht mir nicht aus dem Kopf. Wie kleine geschminkte Leichenhäupter liegen die Äpfel und Birnen, die Zwetschgen und Reineclauden hinter

Glas, Wachs ist das wahre Barock-Material, scheinlebendig, empfindlich, zu fast allem formbar. Es ist ein Synonym für das lebende Tote.

Manche Menschen – auch solche, die ich sehr gern habe – gruselts in barocken Kirchen und Schlössern. Man kann sich auch im Stift Melk ausgiebig gruseln, das ist gar nicht schwer. Aber ich glaube, diese jeden Winkel erfüllende Prächtigkeit, die Vergoldung der Vergänglichkeit und nie nachlassende Arbeit an allen nur möglichen, auf Erden möglichen Verzückungen – in der Malerei, der Architektur, der Musik, der Mode – haben einen dunklen Fond, einen verschwiegenen, allgegenwärtigen Hintergrund. Um den Tod weiß man. Auch juwelenumblitzt und goldumfangen, ist ein Zahn, ein Hautfetzen oder eine Zunge immer noch ein Stück Leiche. Auch parfümiert, seidenumrauscht und mit Bleiweiß und Rot als Lebendiges zugerichtet, bleibt der Abt, der Kaiser, die mächtige Kurtisane ein erbärmlich stinkender Kadaver, dem sich auch die heftigsten Speichellecker nicht mehr nähern mögen. Man muß zusehen, das schleunigst loszuwerden. Und dann? Was wird dann aus denen? Aus jedem? Das Barockzeitalter ist ein Zeitalter des Fleisches, der fleischlich lebendigen, quellenden Formen. Da ist es schwer, mit dem Tod angemessenen Umgang zu pflegen. Das geht mit schmalen, trockenen, abstrahierenden Formen wie bei den Ägyptern oder in der Gotik einfacher.

Der Tod ist der schwarze Hintergrund, auf dem das Gold und die Juwelen umso schöner und verzweifelter

leuchten. Mir scheint, daß sich die Baumeister und Fres-
kenmaler, Goldschmiede, Stukkateure und Juweliere, die
Seidenweber und Gobelinstickerinnen, die Wachsbild-
ner, Schnitzer, Gipser und Vergolder und all die anderen
handwerklichen Genies, deren Können größtenteils versunken ist, an dem großen Projekt des Barock *Himmel auf
Erden* mit diesem winzigen Stachel im Fleisch beteiligt
haben: Man weiß ja nicht, ob es den Himmel im Himmel
gibt. Tod? Tagtäglich, wüste Kriege, wüste Seuchen, da
fehlte es nicht. Aber Verklärung? Soll man wirklich warten, wie es strenge und unheimliche Sektierer fordern?
Oder nicht doch versuchen, sich auf Tönen und Farben
schon mal probeweise emporzuschwingen, jetzt, hier, at-
mend?

Der Blick von der Altane hinunter auf die Donau
macht gelassen. Schön liegt der Fluß da unten, das hat
auch jener Abt Berthold Dietmayr gesehen, mit dessen
Wahl im Jahre 1700 die Geschichte des heutigen Baus begann. Die unvergleichliche Lage war ihm vorgegeben,
sie für einen einzigartigen, das Alte nicht schonenden
Sakralbau zu nutzen war der erst Dreißigjährige entschlossen.

Aus Kupetzkys Porträt, gemalt etwa sieben Jahre nach
seinem Amtsantritt und fünf Jahre nach der Grundstein-
legung, sieht uns ein Fürst an, nicht ein Kleriker. Ein
dunkelblaugrüner Samtumhang mit rotem, hermelin-
gesäumtem Brokatcape, ein schmaler, fast spanisch wir-
kender Kopf, volle Lippen mit einem zarten Bärtchen,

skeptischer, stolzer Blick unter langen Lidern hervor. Die Hände an den kleinen Fingern beringt, eine auf einen üppigen goldenen Thronsessel mit Löwenfüßen gestützt, die andere lässig, in nur ungefähre Nähe des Herzens gehoben. Das Interieur: nichts weniger als heilig. Wie ein Dekorationsstück lehnt der juwelenbesetzte Krummstab zwischen goldenen Portieren, und die Mitra ist zwar über einem Altartuch arrangiert, ergänzt aber, mit dem türkischen Teppich, das intime und luxuriöse Bild eines Boudoirs.

1738 zerstörte ein Feuer große Teile des Neubaues, das Lebenswerk des Abtes Dietmayr und seiner großen Baumeister und Künstler war vernichtet. Sein Glaube an die irdische Ewigkeit muß stark gewesen sein, er begann sofort mit dem Wiederaufbau. Ein Jahr später starb er.

Über eine enge Wendeltreppe gehen die Besucher in die Kirche. Dort dürfen keine Führungen abgehalten werden, jeder muß allein mit seinen Blendungen fertig werden. Wie in der Basilika von San Marco scheint eine Art goldener Rauch alles zu umgeben, Propheten und Engel, Heilige und Apostel, ein riesiges, in seinen Bewegungen wie für den Augenblick erstarrtes himmlisches Heer, andere schwingen sich in die Höhen des Langhauses und zeigen den Weg des Heiligen Benedikt in die Herrlichkeit des Herrn. Leuchtend farbig und bewegt ist dieses himmlische Jerusalem, aber sehr weit weg.

Ich finde ein weniger entrücktes Objekt für meine Bewunderung. Die barocke Kaiserin Maria Theresia hatte die Gewohnheit, ihre Klöster und Stiftskirchen mit sogenannten Katakombenheiligen zu beschenken. Davon waren in Wiens Unterwelt eine Menge vorhanden, das heißt, ob sie alle so heilig waren, diese Knochen und Schädel, wußte man gar nicht so genau. Majestät ließen sie dennoch dislozieren und verteilte sie großzügig im Lande, wo es ihnen natürlich besser ging. Sie bekamen hübsche Glassärge, wurden angezogen und geschmückt, dem todesfürchtigen und -süchtigen Volk gezeigt, man gab ihnen sogar Namen, damit man wußte, wen man da verehrte.

Irgendwie ist ja die Antike doch immer wieder ins Seelen- und Glaubensleben der Menschen zurückgekrochen. Die hatten für alles einen Extragott oder eine Göttin, damit man nicht für alles gleich das Allerhöchste zu bemühen brauchte. Das scheint ein unausrottbares Bedürfnis zu sein, und so bekamen – und bekommen – auch Maria Theresias anonyme Skelette ihr Teil Fürbitten und Danksagungen ab. Diesen, den ich mir in der Kirche des Stifts Melk ausgesucht habe, nennen sie *Clemens*. Sein Gegenüber auf der anderen Seite hört auf *Friedrich*, aber er ist bei weitem nicht so schön wie Clemens, der Sanftmütige. Man hat seine Knochen in Seide genäht, ihm ein pfauengrünes Seidenwams angezogen, mit einem kecken Hütchen. Sein Gesicht ist mit Steinen nachgestickt, die man gut für Juwelen halten kann. Ich kenne seinesgleichen aus meiner Kindheit in St. Emmeram, Regensburg, am heimatlichen Strom gehen dir deine Erinnerungen gemächlich voraus oder holen dich ein.

Man hat Clemens in seinem Glassärglein – wie wenig Platz die Toten brauchen! – eine sinnende Haltung gegeben: halb liegend, mit aufgerichtetem Oberkörper, die linke Hand nachdenklich an die Stirn gelegt. In der rechten Hand trägt er eine grüne Feder, als wollte er gleich anfangen zu schreiben. Kurz entschlossen ernenne ich ihn zum Heiligen der Dichter, und darum kriegt er auch eine Kerze.

Im Stiftsgarten hat irgend jemand gewagt, eine Art Ausstellung aufzubauen – und die ist nach allem, was wir gesehen, und vielem, was wir nur haben ahnen dürfen, erbärmlich. Das Thema heißt auch noch *Paradiese,* und dazu sieht man einen Glaskasten mit einem Haufen Kippen drin, auf dem steht *Konsumparadies,* und in einem anderen ein gold angestrichener Fußball auf Münzen, der heißt, na wie? Richtig! *Spielerparadies* – und einer mit Legoklötzchen heißt *Wohnparadies* und so fort. Es ist zum Weinen und zum Schämen, und weil ich nicht mehr zurück kann ins Stift, auf die Altane oder besser noch in die Bibliothek, setze ich mich unten an die Donau, schaue hinauf zu dieser weiß-gelben Schatzburg und wieder ins Wasser. Das hilft. Immer.

Blue Danube

Erst denkt man, man kennt es. Dann begreift man, daß man es nie kennen wird. Irgendwann, glaubt der Wien-Süchtige, werde die Stadt ihn gnädig aufnehmen und seine demütig dargebrachte Liebe dulden. Später, weise geworden, nimmt er die Fremdheit einfach an, die ihm Wien nicht erspart. Dabei müßte man es hier als Fremder leicht haben! Wie Nikolaus Harnoncourt sagt, ist schließlich kaum jemand mehr als zwei Generationen Wiener. Offenbar reicht aber schon eine kurze Stammbaumwurzel, um mißlaunig auf den gesamten Rest der Welt runterzuschauen, und wenns von Ottakring aus ist.

Bei mir war Wien Liebe auf den ersten und wahrscheinlich letzten Blick. Man kommt ja auch von Menschen oder Hunden schlecht los, die bös zu einem sind. »Ich brauch dich nicht« ist eine nie erlahmende Verführung – »du bist mir völlig egal« ein Zauberwort. Schon in Schwechat und dann später auf dem langen Weg am Zentralfriedhof vorbei in die Stadt, glaubte ich die beiden unwiderstehlichen Sätze zu hören.

Ich werds dir schon zeigen, war meine stumme Antwort. Mittlerweile natürlich nicht mehr, mittlerweile akzeptiere ich, daß es aus unseren Mündern dämlich klingt, wenn wir *Einen großen Braunen* bestellen oder *Schlagobers*. Das ist nämlich auch nicht besser als das ewige *grazie* in der Bahnhofspizzeria von Solingen-Ohligs. Wien ist der Scheideweg, ob man es mit dem Erwachsenwerden schafft oder ob man das nach *Kultur* und *Geschichte* greinende Baby aus dem barbarischen Ausland bleibt.

Nur kaane Piefkaneser! sagt die Wirtin eines ziemlich verwitterten Pensiönchens, in dem ich jahrelang gewohnt habe. Wenn man so was ins Gesicht hinein kriegt (Gnä' Frau ist natürlich nicht gemeint, i bitt Sie!), muß man lächeln und wissen, daß man auch als Piefkaneserin zum Chor gehört, der Wien besingt. Und was wäre Wien ohne seine Bewunderer! Ohne uns, die unter dem riesigen Trümmerhaufen aus Literatur immer wieder Scherben hervorziehen und ihren Glanz bewundern? Und andauernd werden neue Scherben auf den Berg geworfen! Ich bevorzuge aus Gründen der Verletzungsgefahr die alten, obwohl in Wien auch die toten Dichter streitsüchtig sind. (Die lebenden sind von gefährlicher Freundlichkeit! Ein kurzes Gastspiel als Dozentin der *Hochschule für Dichtung* vor Jahren rief das Gefühl in mir hervor, ich sei ein Brauereigaul, versehentlich in die Choreographie der Spanischen Hofreitschule geraten. Alle anderen waren Lipizzaner – gut, zugegeben: ein bißchen fettleibige, kurzatmige oder hatscherte Lipizzaner zwar, aber eben doch: eingesessene edle Wiener

Rösser. Das einzige, was bei ihnen eine Chance hatte, war das völlig Schräge: Ein reizender Mensch, der zehntausend Kilometer aus seiner sehr fernen Heimat nach Wien gekommen war, um Vogelstimmen zu imitieren und das als Neue Lyrik zu preisen, hatte großen Erfolg bei den Lipizzanern. Sowas mögen sie.)

Seit ich vor dreißig Jahren zum erstenmal nach Wien gekommen bin, vermehren derlei Erlebnisse meine Liebe. Hassen dürfen ja eh nur die Wiener selber – also die mit den mindestens zwei Generationen zwischen galizischen Katen und Hofburg! Ich kann das Lied von Qualtinger unter meinen verklebten alten Singles nicht mehr finden, aber Fetzen weiß ich noch und höre seine Stimme:

> Wean, du bist a Doschnfeitl
> Untaran Himmi aus Schädlweh
> A gottverdammtes Hurnheitl
> Auf des i ned haass bin und trotzdem steh ...

Für die korrekte Orthographie verbürge ich mich nicht. Er nennt Wien dann noch einen Feuersalamander auf einer Stätte aus Marzipan und sagt, es gäbe einem weder Halt, noch habe es ein Geländer – was auf hochdeutsch eigentlich blöd klingt und im heiseren Wienerisch des unvergessenen Qualtinger ganz wunderbar.

Der erste Mensch, der sich mir in Wien freundlich widmete und für alle Zeiten einen Platz in meinem Herzen haben wird, hieß Ernst Fischer. Er war in der höchst selbstgewissen Linken der damaligen Zeit eine sanfte, zögernd und skeptisch argumentierende Gestalt, schmal, mit den bläulichen Lippen eines Herzkranken. Mit ihm und seiner Frau Lou Eisler-Fischer habe ich zum erstenmal ein Stück Wien kennengelernt: den 19. Bezirk, wo beide in einer kleinen Arbeiterwohnung lebten, ein sehr stilles, angenehm grantiges Grinzing, Schönbrunn.

Lou Fischer blieb bis zu ihrem Tod mit 96 eine Freundin, Ernst starb schon zwei Jahre, nachdem wir drei uns kennengelernt hatten. Lou, die zuvor mit Hanns Eisler verheiratet gewesen war, von Thomas Mann in der Emigration als »da Tommy« sprach und Briefberge von Feuchtwanger, verschiedenen Manns und Brecht ihr eigen nannte, war in der kleinen Wohnung geblieben, die eine sachte einstaubende Korallenbank von Erinnerungen an die wichtigste Literatur des zwanzigsten Jahrhunderts, an politische Enttäuschungen und verrückte Biographien war. Lou war bis zum Schluß hellwach, herrscherlich mit etwa einsfünfundfünfzig Größe, sie verschaffte sich durch hochgebürstete Löckchen ein paar Zentimeter mehr.

Schad, daß ich mit dem Brecht nicht ins Bett bin! sagte sie.

Warum nicht? fragte ich.

Er hat wirklich furchtbar gestunken. Aber das wär jetzt ja egal!

Es gibt Menschen, die man gar nicht oft in seinem Le-

ben gesehen hat, deren Vorhandensein aber zum Wohl-
befinden, zur unsichtbaren Heimat gehört. Lou war so
jemand. Als Ernst starb, war ich noch jung und hatte
durch die Zeit der frühen Siebziger eine kitschige, pa-
thetische Beziehung zum Tod. Ich klebte Ernst in mein
linkes Poesiealbum zwischen die anderen Helden und
wurde erst viel später traurig. Er war mein kleiner Ausflug ins revolutionäre Wien, wie wenige vielleicht noch
wissen, war er nach dem Krieg für kurze Zeit Kulturmi-
nister und trat 68 aus der KPÖ aus.

Eigentlich waren die beiden überhaupt nicht wienerisch: mein Glück. Hätte ich gleich zu Anfang mit dem
wirklich Wienerischen Bekanntschaft gemacht, wäre ich
wahrscheinlich geflohen wie ein Kalb, wenns donnert.
Ich war der Stadt nicht gewachsen.

Natürlich gibt es jene innigen Momente, in denen
man sich zugehörig fühlt, zufrieden, ein winziger Parti-
kel in diesem seltsamsten aller Stadtkaleidoskope zu
sein – im Museum für Kunstgeschichte, wo ich immer
mit abgewandtem Blick an den Heerscharen fetter und
blutrünstiger Judithe vorbeilaufe, die mir ihren Holofer-
neskopf wie ein Spanferkel auf der Platte entgegenhal-
ten, durch Ströme italienischen Öls sozusagen schwimme – es ist ja schön, aber ich suche nach etwas anderem,
in einem entfernten Saal – und dann bin ich bei den
Brueghels und bleibe da für längere Zeit, je nach Saison,
bei den winterlichen oder den paradiesischen: Da kann
man denken, daß Wien einen großzügig aufgenommen

hat und beschenkt. Natürlich am Zentralfriedhof, im Prater oder bei Sonnenaufgang im leeren Park von Schönbrunn, den Moment abpassend, wo die Laternen ausgehen und die Sonne kommt. Wien schenkt, wenn man sich unpassende Zeiten aussucht. Schönbrunn eben sehr früh, den Prater an einem Winternachmittag, die Leopoldstadt, während Markt ist, der ein paar Farben ins Grau tut, das *Café Central*, wenn geschlossen ist und man vom Fenster aus den im goldenen Staub des Lichts sitzenden Dichter Altenberg sehen kann. Ein Strahl funkelt auf seinem Glas, das nun für die Ewigkeit vor ihm steht. Kann man sich ein dichterwürdigeres Denkmal vorstellen als eine lebensgroße Figur, die für immer einen Platz im Café gefunden hat? Oder das *Gulaschmuseum*, irgendwann, werktags – es ist ja kein Museum, sondern ein Beisl, in dem es hundert Sorten Gulasch »an Gebäck« gibt. Doch, man kann sich ein Wien erwandern, das einen erhört, Hunderte von Möglichkeiten gibt es, und jeder muß sie selber herausfinden. Man darf nur nicht wichtig sein wollen in dieser Stadt. Oder was gelten. Oder gekannt werden, mitreden, intrigieren. Man muß nicht versuchen, den Wiener Schmerz zu kopieren, und wenn man sich für noch so begabt hält.

Doch, manches lernen kann man schon, das nimmt einem keiner übel. Zum Beispiel: Anständig frisiert und schön angezogen zu sein ist kein Fehler. Zu einer wirklich exotischen, für Wien beeindruckenden Gräuslichkeit reicht es für uns eh nicht. Also dann lieber konservativ. Sie werden einen sowieso als fremd erkennen. Einem richtigen Reisenden ist das egal. Aber mir geht es hier – wirklich, es ist die einzige Stadt auf der Welt, in der ich diesen Wunsch, dieses Bedürfnis, ja, diese Sehnsucht habe! – anders: Ich will dazugehören. Wenn ich in Wien bin, möchte ich Wienerin sein. Es ist zum Schämen.

»Die Ostjuden, die nach Wien kommen, siedeln sich in der Leopoldstadt an, dem zweiten der zwanzig Bezirke. Sie sind dort in der Nähe des Praters und des Nordbahnhofs. Im Prater können Hausierer leben – von Ansichtskarten für die Fremden und vom Mitleid, das den Frohsinn überall zu begleiten pflegt. Am Nordbahnhof sind sie alle angekommen, durch seine Hallen weht noch das Aroma der Heimat, und es ist das offene Tor zum Rückweg … die Söhne und Töchter der Ostjuden sind produktiv. Mögen die Eltern schachern und hausieren. Die Jungen sind die begabtesten Anwälte, Mediziner, Bankbeamten, Journalisten, Schauspieler. … Im Prater schlafen die Obdachlosen. In der Nähe der Bahnhöfe wohnen die Ärmsten aller Arbeiter … Ihre Vettern und Glaubensgenossen, die im ersten Bezirk in den Redaktionen sitzen, sind ›schon‹ Wiener und wollen nicht mit Ostjuden verwandt sein oder gar verwechselt werden.«

Joseph Roth ist seit Jahren mein Wien-Begleiter, mein Tröster und Lehrer für Trotz, aber auch demütige Liebe. Für ihn wie für viele der klugen und sehnsüchtigen Bewohner des Shtetl war Wien das Jerusalem, Hort von Kultur und Fortschritt, Verheißung, sich auflösen und vermischen zu können mit denen, die schon länger Nutznießer waren – wir wissen, was kam. In Roths Romanen versammelt sich die ganze Pracht und der ganze Dreck dieser Stadt. War er irgendwann, wie er schreibt, »schon« Wiener? Wahrscheinlich nicht.

In den siebziger Jahren habe ich den Dr. Brodzyner aufgetrieben, der war damals Anfang Neunzig, ein alter, jüdischer Arzt in einer großen dunklen Wohnung im Zweiten Bezirk. Er ist mit Joseph Roth zur Schule gegangen, und ich werde nie vergessen, wie er mit seinem weichen galizischen Akzent erzählte, daß der Lehrer, nach anstrengenden oder unbefriedigenden Unterrichtsstunden gesagt habe: »Und jetzt werden wir uns ein *Vergnügen* machen und einen Aufsatz von Joseph Roth vorlesen!«

1937 schreibt Roth in einem Nachwort zu seinem Text *Juden auf Wanderschaft* einen schrecklichen Satz: »Es ist schlimmer als die babylonische Gefangenschaft. An den Ufern der Spree, der Elbe, des Mains, des Rheins und der Donau darf man nicht nur nicht baden, sondern auch nicht sitzen und weinen …«

»Wir holen einen Nassen«, sagt man in Wien über die, die in die Donau gegangen sind. Das waren damals viele. Es gibt einen Friedhof der Namenlosen. Das gerichtsmedizinische Institut – das älteste Europas – liegt in der *Sensengasse*. Sowas ist nur in Wien denkbar!

Wir lieben die dumpfen Vergnügungen der Wiener kleinen Leute, das freudlose Ineinanderkriechen, die Feindseligkeit, den Suff und die Gier, wir können gar nicht genug davon kriegen, wenn es von Horváth oder Nestroy kommt, von Roth oder Kraus – was könnte schöner sein? Und warum geht heute keiner beispielsweise auf die *Donauinsel* und sucht sich einen Liliom aus, um uns zu entzücken?

Die Donauinsel ist das Grauen und der Sumpf von heute, wahrscheinlich kein Haar anders als damals, aber nicht durch den göttlichen Filter der Poesie getrieben. Nur Bruch und Gestank und Flimmer, Drogendealer aus aller Herren Länder. Eine entsetzliche Brücke – eine der häßlichsten, die ich je gesehen habe – mitten hinein ins andere Donauufer, wo eine Architektur aufgetürmt ist, die niemals einen Gedanken an Menschen verschwendet hat. Es ist ein Pandämonium, ein Schrecken. Zum Donauinselfest, sagt man uns begeistert, werden zwei Millionen Menschen erwartet. Und was wir für ein Glück hätten, ausgerechnet an diesem Wochenende hier zu sein!

Die Donauinsel haben die Wiener dem Auwald abgerungen, sie lagen ja überhaupt Hunderte von Jahren in Fehde mit ihr, die sich verzweigte und Stadtteile im Osten auffraß, unberechenbar und launisch, indessen die Stadt immer größer wurde und Siegerin sein wollte über den Strom. Ihn nutzen und anzapfen, herrichten, ihn – sie – zum Befehlsempfänger wechselnder Herrschaftsformen machen. In den Sechzigern und Siebzigern, jener Ära des brutalsten Machbarkeitswahns, bauten sie mit Millionen von Kubikmetern Beton einen Kanal und eben jene Insel. Beide sind einundzwanzig Kilometer lang, und die Insel etwa zweihundert Meter breit. Die frühere Donauinsel gehörte den Nackerten und den Liebespaaren. Geschwommen und gegrillt wurde natürlich auch, und als das neue Gelände lukrativerer Nutzung – Bürohäuser und Malls – zugeführt werden sollte, hat das irgendwie nicht geklappt. *Dort* beschlossen die Wiener sich zu amüsieren, es mußte nicht unbedingt in ausgezogenem Zustand sein, und weil sich erst fünfzigtausend und dann hunderttausend in der freien Natur tummeln wollten, werden jetzt zum Donauinselfest zwei Millionen erwartet.

Josef Oehrlein hat vor Jahren dieses höllische Elysium beschrieben, und ihm verdanken wir die Entdeckung der wissenschaftlichen Analyse wienerischen Freizeitverhaltens speziell an diesem Ort – er zitiert Eder/Spanlang:

»Im libidinösen Streben nach Wassernähe und Wasserkontakt, im Erlebenwollen der Aura des freien, freifließenden Wassers am Rande der Stadt, manifestiert sich die Dialektik der Natur des Menschen, die Dialektik des Menschen als Kultur- und gleichzeitig Naturwesen. In der Sublimierung sexueller Triebregungen und den Hoffnungen, Wünschen, Vorstellungen und Erwartungen, durch Naturkontakt und -erleben, durch spielerische und körpermotorische Betätigungen Lust zu erleben und Befriedigung zu erlangen, kommt einerseits der repressive Zwang der Sexualnormen, andererseits die beruhigende, kompensatorische und dabei wenigstens ›ersatzbefriedigende‹ Wirkung von Natur, Spiel und Bewegung auf den Menschen zum Ausdruck. Neben lustvollen Hautkontakten mit Wasser, Luft, Wind, Sonnenwärme, Steinen, Erde und Sand, visuellem, akustischem und geruchsmäßigem Naturerleben, Freude und Spaß an spielerischer oder sportlicher Körpermotorik, sind es auch Hoffnungen auf erotische, meist visuell hervorgerufene, die genitale Sexualität erregende Spannungen, die das libidinöse Streben nach Lust am Wasser beinhaltet. Dadurch können tatsächlich genital-sexuelle Triebbefriedigung kompensierende (Augen-)Lustgefühle ausgelöst werden, die im Verein mit geselligen Situationen und sozialen Kontakten erotische Gefühle freisetzen können.«

Jetzt weiß man wenigstens, warum die Leute gern im Freien pudern!

Oehrlein berichtet auch mit schaudernder Freude von einer anarchischen Gründerzeit mit Unternehmen der Lust-Logistik, denen die Ausgestaltung dieses einzigartigen Amüsierplatzes gelang. Die Tausender seien auf der Erde gelegen und nicht einmal angeklebt gewesen! Und so drängeln wir uns inmitten von zwei Millionen bosnischen und ugandischen Lilioms und albanischen und makedonischen Mitzis und Fannys. Es sind wohl noch ein paar Kronländer dazugekommen!

Aber: Gar nicht weit, gar nicht weit vom höllischen Elysium hält die Donau ein himmlisches bereit, gerettet in letzter Minute von Helden, die sich um Tausender, die unangeklebt auf dem Boden herumliegen, nicht geschert haben! 1984 gewannen sie den Kampf um den Auwald in der Stopfenreuther Aue, so daß anstelle des »größten österreichischen Donaukraftwerks« (wir erinnern uns an das Wort vom dümmsten Bauwerk seit dem Turm zu Babel? – der Titel muß immer wieder neu vergeben werden!) eine der abwechslungsreichsten und geheimnisvollsten Flußlandschaften Europas zu besichtigen ist. Wien hat also nicht nur die Donauinsel, sondern inzwischen auch Anteil an einem Naturpark, der, so ist zu hoffen, vertraglich und politisch unberührbar gemacht worden ist. Reinhard Golebiowski und Gerald Navara haben die Auenlandschaft in einem großen Bildband dargestellt.

»Die ganze Schöpfung ist die verfehlte Börsenspekulation eines Gottes, der pleite gegangen ist. Die Menschen vermehren sich nicht mehr durch Geschlechtskopulation, sondern durch Aktiengewinnverdopplung... die Meere sind vielleicht riesengroße, quadrierte Aktienpapiere.«

Das schrieb Joseph Roth 1919. Es stimmt heute noch und wieder. Aber eben nicht ganz.

Tibor Dérys Donau

Meinen dreiunddreißigsten Geburtstag habe ich an der Donau gefeiert, allerdings in Budapest. Ich hatte eine neue Welt betreten. Sie sah erst einmal aus, wie die Welt überall aussieht, wenn man in einer Hotelhalle steht, Fauteuils und furchtbar wichtige Leute. Wenn ich aber vor die Tür ging, konnte ich die Donau schwätzen hören. Und wenn ich später vom Hotel Duna Interconti aus auf die Ketten- oder die Elisabethbrücke gewandert war, vorbei an den Schwarzgeldtauschern und allerlei anderen fremdartigen Gestalten, konnte ich mich in die Mitte der Brücke stellen und bis nach Hause schauen. Das war nötig. Budapest und der Sozialismus hoben mich aus den Angeln. Ich fand es toll und furchtbar.

Mein Geburtstag war mein erster Tag in der sogenannten Luxusbaracke des Ostblocks. Abends feierten wir mit fremden Menschen, das Team vom Saarländischen Rundfunk und ich, von Mangel, vor allem an Alkohol aller Art, konnte keine Rede sein, und meiner dubiosen Neigung zu Zigeunermusik konnte ich hemmungslos nachgeben. Die Lerche und wieder die Lerche, und noch heute denke ich, der dicke Geiger im

Interconti mit dem roten Affenwestchen, das sie immer anhaben, hat die Kadenz am schönsten gespielt. Wir waren reich! Mitten im Sozialismus waren wir unversehens reich, in unseren Taschen steckten buchdicke Geldbündel für das süße ungarische Leben, wir konnten ein ganzes Zigeunerlager kaufen und für uns spielen lassen! Manchmal wurde einem das klar, dann schauderte es einen, wir waren in eine andere Art Wirklichkeit geraten. Das lag nicht nur am schwarzgetauschten Geld. Das lag an den zersiebten Hausfassaden, bei denen wir nicht wußten, ob der Zweite Weltkrieg oder Sechsundfünfzig sie auf dem Gewissen hatten, und am Glanz des Café Hungaria, in dem dicke, apathische Russinnen mit Kopftüchern und Stoffstiefeln auf goldenen Stühlchen saßen. Es lag an den riesigen Kutscheneinfahrten der Häuser, deren hohe Stuckdecken und Majolikakacheln sich im Licht einer einzigen Zwanzigerbirne an einer zehn Meter langen Schnur versteckten.

In den Markthallen an der Donau waren die Bassins so vollgestopft mit Karpfen, daß man nur Mäuler an den Glaswänden sah. Sie schienen hörbar nach Luft zu schnappen. Es gab Zwiebeln, Mais und Äpfel, Paprikaschoten und teuren Schnaps. Wir hätten mit unseren Geldbündeln die ganze Markthalle leer kaufen können, so kam es uns jedenfalls vor, aber wir ließen unser Geld stecken. Die vielen Leute, die aus allen Richtungen in die Eingänge der Markthalle strömten, schienen sich alles, was es dort gab, so dringend zu wünschen. Ich wollte nur raus, wegen der Karpfen. Sie wurden an Ort und Stelle geschlachtet, und der holprige Boden war feucht von Wasser und Fischblut. Von der Markthalle aus konnte man die Donau sehen, das kann man natürlich immer noch. Damals blühte der Flieder, und wir wurden fast aus dem Hotel geworfen, weil in der Nacht nach meinem Geburtstag die Jungs vom Team alle Blumen- arrangements aus den Gängen und Foyers zusammen- geschleppt und vor meinem Zimmer aufgebaut hatten. Da halfen dann die Geldbündel. Ich schämte mich ein bißchen, weil wir offenbar nicht mehr wußten, wie man sich richtig benimmt, jedenfalls in diesem herzzer- reißenden Durcheinander aus versunkener und utopi- scher Welt, die beide gleichzeitig zu existieren schienen wie in einem betörenden Alptraum.

Von der Fischerbastei herunter hatte man den schön- sten Blick auf die beiden Teile der Stadt, unser Kamera- mann konnte sich gar nicht satt sehen. Wir stopften zu viert einen klapprigen Fiat zwischen die Arkaden, den wir dann schoben, damit wir eine Fahrt kriegten, ohne Schienen dabei zu haben.

Ihr habt geruckelt! schrie der Kameramann, und wir verbrachten einen strahlenden, blausilbernen Maientag, indem wir einen alten Kleinwagen durch die engen Ar- kaden schubsten. Keiner schien sich über uns zu wun- dern. Wir hatten offenbar aus dem Westen das Recht auf jede Art von Narretei mitgebracht.

Ein Teil der versunkenen Welt lag im Hotel Gellért,

dessen Ruf wie der des Raffles in Singapore oder des Ritz in Paris von Regimen und Zeitläufen kaum berührt war. Das Gellért, dieser verrückte Jugendstiltraum mit seinem Hallenbad und seiner herrlichen Lage über der Donau, wurde das Ziel unserer Träume, und irgendwie schafften wir es, dort zu übernachten. Wir wurden dem funktionellen, praktischen Duna Interconti untreu und wechselten die Flußseite. Längst ist, scheint mir, in Vergessenheit geraten, wie schwierig es in den Zeiten des real existierenden Sozialismus war, sich den Ort auszusuchen, an dem man sich aufhalten wollte.

Heutzutage ist das eine Geld-, manchmal eine Zugehörigkeitsfrage. Damals aber schien ein mächtiger Apparat damit beschäftigt, einem die Orte, die man sich wünschte, vorzuenthalten. Völlig leere Lokale wurden mit dicken Samtschnüren abgesperrt und galten als reserviert, Hotels, die man kennenlernen wollte, waren die »falsche Kategorie«. Das Gellért zu erobern gelang uns, glaube ich mich zu erinnern, nur durch unsere Naivität.

Wir wollen gern hier wohnen, sagten wir, gaben den falschen Leuten das falsche Trinkgeld, beriefen uns auf völlig nutzlose Fürsprecher, taperten mit größter Fröhlichkeit in die Netze von Geheimdienst, Medienpolitik und Diplomatie, merkten von all dem nichts, verbrüderten und betranken uns im weinerlichen Gegirre der Cymbalklänge mit unseren nichtswürdigen Dolmetschern – und bekamen plötzlich eine Suite. Eine Suite im Gellért! Sie war so groß wie eine Fünfzimmerwohnung, und in jeder Ecke standen riesige Fernsehempfänger, von denen keiner ging. Sie gaben nur ein weißes Rauschen von sich, um zu unterstreichen, daß wir vollkommen aus der Zeit gefallen waren. Wir verteilten das Dutzend Betten unter uns und die zwei winzigen Seifenstückchen, wir klaubten unseren aus Österreich mitgebrachten Wein aus den Reisetaschen und trauten uns nicht, einen Zimmerkellner um Gläser und einen Korkenzieher zu bitten. Wir fürchteten uns und saßen die ganze Nacht zusammen, ich, eine Gretel mit fünf Hänseln, umgeben von blinden Fernsehern, in riesigen Samtsesseln, die Staubwölkchen aushusteten, wenn man sich hineinfallen ließ.

Wir waren alle schon in der Welt herumgekommen, ziemlich viel sogar, für unser Alter. Aber sowas wie hier kannten wir nicht. Unten lag meine Donau und spiegelte die funzligen Lichter, die sich Budapest damals leisten konnte. Sogar sie war mir fremd. Wenn ich, dachte ich, jetzt ein Schiff bekäme und flußaufwärts fahren würde? Ich war nicht mehr sicher, ob ich in Regensburg ankäme. Das Delta, die Auflösung des Stroms in seine große Unordnung, war viel näher.

Wir waren in Budapest, um einen Film über Tibor Déry zu machen. Der war zu diesem Zeitpunkt schon über achtzig und, wie es hieß, »einer der berühmtesten Erzähler Ungarns«. (Auf der Frankfurter Buchmesse mit dem Schwerpunktthema Ungarn war, soweit ich mitbekommen habe, von ihm nicht ein einzigesmal die Rede.) Seine Bücher – wunderbare Bücher – waren bei Fischer in Deutsch erschienen, er sprach Deutsch, hieß es, was uns die nichtswürdigen Dolmetscher, unsere Geheimdienstler, ersparte. Aber bekannt? Wenn man nach ihm fragte – und wir taten das am Anfang unserer Reise oft, in unserer dummen, ahnungslosen Kindereitelkeit: Was wir für berühmte Leute kennen! Und sogar filmen dürfen! –, dann waren die Reaktionen merkwürdig: so, als wüßten die Gefragten nicht, ob es ratsam sei, den Herrn Déry zu kennen.

Eine wunderschöne Frau habe der alte Herr, das müsse der Neid ihm lassen. Das wußten sie alle. Aber seine Bücher? Und daß er in der Todeszelle gesessen hatte, damals, nach sechsundfünfzig, das wußten sie auch. Allerdings, ob man das jetzt gut oder schlecht finden sollte?

Neun Jahre hatte er gesessen, und neun Jahre war es seiner Frau gelungen, das vor seiner Mutter zu verheimlichen. Als wir ihn besuchten, gerieten wir wieder in eine andere Zeit, eine, von der wir geglaubt hatten, sie sei lang vor unserer Geburt zu Ende gegangen. Elisabeth Déry, genannt Böbbe, hatte meterlanges dunkelrotes Haar und empfing täglich ihre Friseuse. Ihre Fingernägel waren so, wie sie eben bei ihrer Schönheit wegen geschonten Damen aussehen, und ihr ruhiges, wie von Klimt gemaltes Gesicht ließ nichts mehr von Todesangst, Entbehrungen und lebensnotwendigen Lügengespinsten erkennen. Sie war mehr als dreißig Jahre jünger als ihr Mann und betete ihn an. Déry war vorher schon zwei-, dreimal verheiratet gewesen, respektierte eigentlich nur seine Mutter, aber dann eben: diese!

Sie hatte einen weißen Pelz an, sagte er zu uns. Was sollte ich machen? Er sprach das herrliche K.-u.-k.-Deutsch, auch das versunken, jetzt sowieso. Wenn man es irgendwo hört, sollte man es wie eine Kostbarkeit genießen.

Ach, sagte er, als wir mit dem Gespräch kaum angefangen hatten – was soll ich Ihnen erzählen? Sie verstehen nichts. Sie sind viel zu jung.

Seine Frau saß dabei und verstand erst recht nichts, denn sie sprach nur Ungarisch. Aber sie lauschte mit ganz konzentrierter Aufmerksamkeit. Neun Jahre hatte sie, kaum erst verheiratet, Dérys Mutter ihre Traumwelt erhalten und immer wieder neu gebaut, hatte irgendwoher Geld beschafft und Verbindungen geknüpft. Sie rettete aus den Ställen der Bauern das gräfliche Geschirr, aus dem die Hühner fraßen, polierte es und besorgte ein Haus.

Die Donau fließt nicht nur durch Länder, sondern auch durch Epochen, und manchmal ereignen die sich gleichzeitig.

Das Haus der Dérys, eine kleine, alte Villa mitten in einer gänseblümchenübersäten Wiese, schien unberührbar, eine bescheidene, unerschütterliche Festung. Man war schnell in Ungnade in diesen Zeiten, und wenn die

Gnade kam, wußte man nicht, warum. Ach, wir verstanden wirklich nichts. Auf wie dünnem Seil hier die Menschen gingen, manchmal tanzten, welche Zugeständnisse sie machen mußten, welche verschwiegenen Pakte geschlossen wurden. Wie viele unglaubliche Biographien hier entstanden waren im Lauf des furchtbaren zwanzigsten Jahrhunderts, Tausende von ungeschriebenen Romanen. Und durch wie viele von ihnen floß die Donau!

»Als er lange nach Mitternacht ... über die Margarethenbrücke schlenderte, stand die Sichel des abnehmenden Mondes, dieses hohe Symbol himmlischer Reinheit, gerade über der Donau. Der tagsüber prosaische Strom hatte seine Kais unbemerkt von sich abgeschüttelt, und auch die Lärmbögen der Brücken waren von seinem Nacken gesprungen. Das ferne Geklingel einer Straßenbahn verhallte so einsam und anspruchslos in der Finsternis, wie auf der anderen, der lichten Halbkugel des Tages das leise Plätschern einer Welle; es fügt sich so bescheiden und unauffällig in den nächtlichen Dschungel der Töne wie die Falten des Kopfkissens oder das Zuschlagen der Tür in das Gewebe eines Traumes. Die im Sonnenschein duftig flimmernde Margaretheninsel wurde mit Einbruch der Nacht dunkel, leibhaftig und unerforschbar wie ein Frauenkörper. Gegen zwei Uhr, wenn das Licht der Laternen auf menschenleere Gehsteige fiel und der erste, mit Melonen beladene Wagen in die Markthalle einrollte, erreichte die nächtliche Stadt, die sich wie ein lebendiger Organismus allmählich entwickelte, ihre höchste Intensität. … Immer mehr Licht mischte sich in die dunkel dahinströmenden Fluten der Donau, vom Calvin-Platz scholl das Hupen eines Autos so übermütig und glühend herüber, als sei es dem Zangengriff der Stille entronnen. Unterhalb des Gellértberges warf ein langsam auftauchender Schlepper mit seinen vier Kähnen mächtige Wellenringe in die Dunkelheit und trieb allmählich seine harten, geometrischen Tagesumrisse hervor, während von seinem Heck Hundegebell gegen das Ufer schlug.«

1957 ist die Originalausgabe von Dérys Hauptwerk *Der unvollendete Satz* erschienen, ein breites und glanzvoll geschildertes Panorama der dreißiger Jahre. Der damals schon über sechzigjährige Autor konnte sich seines Werks nicht lang in Freiheit freuen.

Als wir ihn besuchten, 1977, war er im Stande der Gnade, aber was hieß das schon in diesen Zeiten, mitten in einem undurchschaubaren System, in dem man nicht begriff, wer von wem abhing, weil es sich ständig änderte. Je mehr einer durchschaut hatte, desto blinder stellte er sich. Da war Déry ganz sicher keine Ausnahme, in seinem wunderbaren Haus, mit seinem Sommersitz am Báláton und der rothaarigen Königin an seiner Seite.

Ich habe, sagte er zu mir, noch dreiundzwanzig eigene

Zähne. Und Ihr freundlich annonciertes Honorar werde ich in Baden bei Wien in die Spielbank tragen!

Das war wieder sowas Damaliges, etwas, das wir nur aus Büchern kannten – meine Kollegen vielleicht aus Kostümfilmen im Fernsehen, aus denen sie sich nichts machten. Sie fühlten sich nicht recht wohl in dieser zu Tode erschöpften und sehr lustigen grauen Stadt, in der sie König spielen konnten und sich jede Sekunde beobachtet, vielleicht sogar im Innersten erkannt glaubten. Aber auch nicht in diesen Inseln der Erinnerung, deren eine Dérys Haus war, seine Sprache, sein Interieur. Ich wurde schon damals das Gefühl nicht los, in Budapest sei ein ganzer Archipel solcher Vergangenheitsinseln zu entdecken.

Später sollten wir dann, weit draußen vor der Stadt, auf dem riesigen Flohmarkt die angespülten Fundstücke von diesem Archipel entdecken. Für sehr wenige Scheine kauften wir Fayencen und Silberleuchter, Gebäckschälchen, goldene Bilderrahmen, aus denen uns fremde schwarzweiße Gesichter ansahen, so ernst, als hätten sie ihr Ende auf dem Schutthaufen der Bürgerlichkeit geahnt.

Immer wieder gingen wir abends an den Fluß, längst waren wir nach unserem Ausflug ins Gellérthotel wieder hinübergezogen, in den häßlichen Betonkasten des Duna Interconti. Die Betonburg gab uns ein Gefühl der Verläßlichkeit. Sowas kannten wir. Der Sozialismus war weiß Gott kein Sachwalter der alten Schönheit. Dennoch war sie mitten in ihm übriggeblieben, vergammelt, unberührt und offenbar jahrzehntelang unsichtbar. Die Demokratie war gründlicher. Sie hatte auch mehr Geld. Deswegen war uns das Duna vertraut.

Wir gingen wie in einer stummen Übereinkunft nicht mehr in die Bars und die plüschbezogenen Devisenschuppen, in denen die Nutten aussahen wie die weibliche Statisterie für einen Belle-Époque-Film. Wir entdeckten kleine Fischer- und Arbeiterkneipen am Fluß, krumme Tische draußen, Dérys Mond über der Donau. Meistens gab es einen kleinen gemauerten Ofen, über dessen Glut die fetten ungarischen Würste wie Luftballons knallten. Zu trinken war immer genug da. Zu trinken war in sämtlichen Vaterländern der Werktätigen immer genug da, sonst hätten die wahrscheinlich gar nicht so lang funktioniert. Wir waren wohlgelitten in den Uferkneipen, denn die peinlichen Versuche, mit den Ureinwohnern ins Gespräch zu kommen, entfallen in Ungarn. Ungarisch kann keiner, man verständigte sich von vornherein ausschließlich durch Lächeln, ein bißchen singen, saufen und zahlen.

Die gleichen wunderbaren Zigeunermusiker, die wir in den Fremdenbars schon gehört hatten, zogen auch hier herum und spielten die Lerche genauso schön draußen vor der Stadt wie drinnen in der Pracht des Gellért. Auch tagsüber, wenn Déry Siesta hielt und wir auf Motivsuche durch Budapest streunten, schauten wir zur bitteren Enttäuschung unseres Aufpassers nach armen Kneipen – die zu finden war nicht schwer, und unser Janósz trauerte den üppigen Mahlzeiten in den Devisenparadiesen nach. Um zu leben wie seine Landsleute, hatte er den Job schließlich nicht angenommen.

Wir gingen nicht in diese Lokale, um unsere Solidarität mit den ungarischen Werktätigen auszudrücken oder das wertlose Geld zu sparen – wir wußten selbst nicht, was uns dorthin zog. Fremd und ahnungslos blieben wir da wie anderswo, und je länger wir in Budapest lebten, um so weniger verstanden, um so scheuer wurden wir.

Erst lang danach, in Saarbrücken am Schneidetisch, erschien uns die Stadt an der Donau vertraut. Während unserer Arbeit am Film starb Tibor Déry. Das Porträt wurde sein Nachruf.

Das alte Bett der Donau

Auf der nächtlichen Rückfahrt von der Puszta schlafen die Schiffsfahrer im Bus, immer zwei und zwei, die Köpfe zueinander gewandt. Manche sehen im Halbdunkel aus wie steinerne Liebespaare. Unsere ungarische Reiseleiterin ist unruhig, sie hat noch so viele Geschichten übrig, und die will jetzt keiner haben. Sie ist erleichtert, als ich nach Tibor Dérys Frau frage. Ja, oh ja, sie erinnere sich ganz genau an das Paar, ein großer Dichter und eine sehr schöne Frau. So jung! Und doch sei sie ihm bald hinterhergestorben! In der Dunkelheit des Busses voller Schlafender beugt sich die Dame zu uns und flüstert laut wie auf einer Bühne. Sie kann nichts dafür, daß alles ein bißchen theatralisch rauskommt, etwa als spiele Marika Rökk die Elektra. Sie weiß viel, unsere Führerin in die Puszta. Über die neue Industrie am Rande von Budapest, über Außenhandel, Arbeitslosigkeit und unbewältigte Vergangenheit. Sie scheint ein bißchen merkwürdig zu finden, daß ich vor fast einem Vierteljahrhundert schon mal zum Arbeiten hier war.

Aber die Puszta haben Sie damals nicht gesehen! sagt sie mit einer gewissen Befriedigung, so, als sei die Puszta ein für lange Zeit geschlossenes Theater gewesen.

Wir waren am frühen Morgen in Budapest angekommen, für viele Donaufahrer gilt die Annäherung an die ungarische Hauptstadt als Höhepunkt der Reise. Der Mond hatte einen wach gehalten und das sanfte Dahinziehen zwischen den Uferwäldern des Stroms. Es reut einen, zu schlafen, während das Schiff fährt, obwohl man in seinem Bauch sehr gut schläft. Es reut einen, das Wasser mit den weißen Lichtbalken des Mondes und den goldenen Punkten der Uferfeuer zu verlassen und zu schlafen, anstatt sich Geschichten über die Leute auszudenken, die da am Ufer wohnen, in wunderbar zusammengenagelten und vielleicht auch – geklauten Hütten, Donauvolk mit Hunden und vielen Kindern, die im Fluß baden und Wäsche schwenken. Schon im Österreichischen gabs die, sie winkten nicht. Ich stelle mir vor, wie sie es im Winter haben oder wenn Überschwemmungen sind, wie sie ihre Hütten und Zelte und Schrottwohnwagen in die Wälder hinaufzerren und doch wieder herunterkommen, wenn die Donau sich besonnen hat und ihr Bett wieder ruhiger durchfließt.

Die Sonne schien über Budapests Pracht, und wir gingen einfach so von Bord, ein paar lächerliche Formalitäten waren schon in Wien erledigt worden. Trotzdem hatte ich für kurze Zeit ein Gefühl, als fehlte was, als hätte ich was versäumt. Und dann sieht die Uferstraße genau aus wie damals. Der Kasten des Duna Interconti, verläßlich häßlich, die Brücken, der schöne Donaubogen und die Margaretheninsel, die hinten im Sonnendunst verschwindet. Die Markthalle hat gewartet und sich den Bauch mit ganz anderen Sachen gefüllt, sich von der Ernährerin, die sich abmüht, ihre Brut satt zu kriegen, zur Verführerin entwickelt mit dicken roten Peperoni – und weißen Knoblauchzöpfen, Designerflaschen voll Öl und Wein hält sie uns entgegen, rosa Schinken und Pfirsichpyramiden, keine Rede mehr von todgeweihten, schnappenden Karpfen und Blut auf der Erde. Sogar die Kartoffeln sehen frisch gebürstet aus. Oben, auf der Galerie, hängt ein Fahnenwald aus gestickten Decken.

Die Ungarinnen sind schick, wie sie eigentlich immer schon waren. Aber auf der Vatiutca, der Renommierstraße, sieht man immer noch zerschossene Häuser, dazwischen McPaper und Daniel Hechter.

Wir aus dem Westen sind nicht mehr reich wie früher. Es gibt weniger Musik. Von Budapest aus fahren wir fünfzig Kilometer nach Süden die Donau entlang, in die Puszta. Die hat die Donau hinterlassen, vor Hunderttausenden von Jahren, und wir wollen nachschauen, warum eine trockene Ebene so viele romantische Mythen aufsteigen läßt. Kein Regime hat das unterdrücken können. Wir fahren durch den üblichen Plattenbaudschungel, und einige offenbar heimwehkranke Mitreisende schreien voll Entzücken: Kuck mal, ein OBI! – als hätten sie das ersehnte Licht der Zivilisation erblickt.

Die ungarische Reiseleiterin erzählt wunderbare Geschichten von Bauernhochzeiten und Reiterfesten, man sieht kleine Fabriken und dazwischen vertraute Namen von Unternehmen und Werbetafeln. Es ist noch nicht richtig ineinandergewachsen auf dem Land, winzige Felder und Obstgärten und kleine Gehöfte, die sich alle irgendwie unter den heroischen Zeiten jeder Couleur weggeduckt hatten, sehen jetzt gefährdet aus, übriggeblieben, gestrig, aber nicht rührend, sondern als wolle sie keiner mehr.

Hier, sagt die Reiseleiterin und weist auf ein Straßendörfchen, ist eine Ansiedlung von Donauschwaben. Sie erkennen das sofort an den geputzten Fenstern! Wir schauen sie an. Sie lacht nicht. An der Landbevölkerung läßt sie sowieso kaum ein gutes Haar. Gut, Sie wollen das sehen, liegt in ihren Blicken. Sie finden das exotisch. Es ist mein Job, es Ihnen zu zeigen. Aber wir wollen nicht exotisch sein.

Sie gibt uns elegant und mühelos das Gefühl, die Landschaft, die sich jetzt vor uns ausbreitet, und die Menschen und Tiere, die dort lebten, seien ihr genauso fremd wie uns.

Unter einem sehr hellen Himmel dehnt sich die gelbe Steppe bis zum Horizont. Es ist, wenn wir uns nicht bemerkbar machen, sehr still, eine Stille, die es in der Nähe großer Städte eigentlich gar nicht geben kann. Man hört die Lerchen und das Prusten der Longhorn-Rinder. Dezentes Kamerasurren. Die Pferdehirten schauen uns nicht an. Es steht ein Dutzend Wagen für die Touristen bereit, mit längs an der Karrenwand angebrachten Sitzbrettern. Auf dem Bock sitzt ein Czigos und will von der Meute nichts wissen.

Sie sind sehr dunkelhäutig, und mir fällt natürlich Zarah Leanders unsterbliches Gegrolle ein und ihr Lied über den »braunen Czigos«, der singt, »bis vor Glut das Herz zerspringt«. Vielleicht waren sie damals noch nicht so scheu wie heute. Vielleicht hatten sie nicht so viel tödliche oder doch fast tödliche Experimente hinter sich, vom König der Steppe über den staatlichen Pferdelieferanten bis zum Gaukler und Artisten für die Touristen, diese ersten Heilsbringer nach danebengegangenen Revolutionen. Es ist leicht, sich über »die Touris« das Maul zu zerreißen, aber sie bringen doch Geld und ein bißchen Neugier. Was für weit voneinander entfernte Leben treffen sich an diesem heißen, staubig stillen Nachmittag auf dem alten Grund der Donau, im Sand, den sie vor Urzeiten herangeschafft hat und der so gut für die Pferdehufe ist. Für verwöhnte Wessihintern allerdings nicht! So mag sich die unglückliche Marie Antoinette auf ihrer letzten Fahrt gefühlt haben, so hart hin- und hergestoßen, und nicht einmal das ehrwürdige Scherzchen der Reiseleiterin – wer Nierensteine habe, werde die auf dieser Fahrt ganz sicher los – erheitert die Pusztareisenden. Aber sie werden merklich stiller, das ist ja auch was, und mir beginnt das Geschubstwerden in eine solche große Nicht-Landschaft hinein sehr zu gefallen.

In einer Staubwolke liegt eine Art hölzernes Theater, eine zusammengezimmerte kleine Arena, vom Band kommt Musik. Aber wir schauen nur auf die Pferde und hören die Musik gar nicht, die Reiter sehen aus wie Samuraikrieger mit blauen Gewändern – an Sonntagen und Festtagen weiß –, breite Lederschärpen halten die Weite zusammen, sie tragen schwarze Westen und dreispitzartige Hüte. Jeder von uns Zuschauern, denke ich, hat sich an die Dressur- und Galopp-Berichte im Fernsehen daheim erinnert, erst einmal, und sich in seinem armseligen TV-Expertentum gesonnt. Bis uns die erste riesige Staubwolke um die Köpfe fliegt und wir sehen, was wirklich »Mensch und Pferd« heißt. Es gibt keine Sättel, natürlich nicht. Die Pferde lassen sich fallen und setzen sich wie Hunde, sie legen ihrem Czigos die Hufe auf die Schultern und fliegen donnernd mit ihm davon, der gelbe Staub stiebt in langen Schleppen hinter ihnen drein, die Pferde und die stolzen Männer spielen miteinander, als sei die Handvoll schwerfälliger Fremder auf den Holzbänken gar nicht da. Zum Schluß reitet einer den sogenannten »Koch-Fünfer«, die Formation geht auf einen Maler namens Koch zurück, der sie im neunzehnten Jahrhundert gemalt hat.

Während ich noch drüber nachdenke, ob der Künstler Koch diese Konstellation erfunden und ein Reiter sie dann in Fleisch und Blut umgesetzt hat oder ob er sie in der Puszta gesehen und dann abgebildet haben könnte, donnert er an uns vorbei: stehend auf zwei Pferdehintern und von denen aus ein Dreiergespann nur mit der Leine lenkend. Geduckt sitzen wir da, spucken den Staub aus und kratzen ihn aus den Haaren. Niemand verwechselt die vorbeirasende Einheit aus Mensch und Tier mit einer Circusvorstellung. Wir sehen etwas ganz anderes, das wir nicht genau benennen können: ein aus langer Tradition geborenes Können, das den Zuschauer, der aus einer anderen Welt kommt, eher ängstlich macht, ihn ausschließt. Hinterher, nachdem ein Haufen beige überpuderter Touristen mit abgewandtem Gesicht an einem der Samurais vorbeigetrottet war, weil der mit seinem Hut in der Hand da stand, habe ich gedacht: Es ist vielleicht nicht Geiz oder Dämlichkeit, warum kaum jemand Geld in den Hut gelegt hat. Es könnte Scham gewesen sein, ein undeutliches Gefühl: Einer, der so was kann, ein fliegender Zentaur, dürfte einfach nicht mit einem Hut in der Hand da stehen müssen.

In der gelben Ferne stehen Ziehbrunnen, um die sich Schafe drängen. Die Pferdezucht, sagt unsere Führerin, habe jetzt, nach schwierigen Zeiten, wieder eine Zukunft. Und nun würden wir einen landestypischen Abend mit Kesselgulasch und passender Musik verbringen. Es kann sich jeder vorstellen, wie so etwas abläuft, und nichts wäre einfacher, als sich über das abgenutzte kleine Theater mit billigem Wein, Soubrette, Tanzgruppe und aufgehendem Mond lustig zu machen. Aber das war nichts Drosselgassiges oder Riminihaftes, sondern ein anmutiger Ernst und eine Melancholie, die aus der weiten Landschaft sachte zwischen uns Feiernde kroch. Das Grüppchen saß klein und zusammengekauert auf seinen Holzbänken in der großen Steppe, manchmal hörte man die Pferde oder einen Nachtvogel, und an den Tischen unterhielten sich eine in Japan geborene Koreanerin mit einem englischen Landedelmann und ihr in San Francisco lebender chinesischer Mann mit seiner deutschen Tischnachbarin. Man spendete der Soubrette, die sich dreimal umzog und sang, als stünde sie auf einer wirklich wichtigen Bühne, freundlichen Applaus, und der Wein wurde nicht zu schnell getrunken, obwohl er karaffenweise auf den Tischen stand. Ein Wind ging über die Steppe, und niemand mochte besonders laut sein. Von den Reitern war längst nichts mehr zu sehen, auf der dunklen Rückfahrt versuchte ich, etwas von deren Leben auszuspähen, in die Fenster zu schauen, die kleinen Häuser an der Straße genauer zu sehen, ob Kinderspielzeug draußen stünde oder vielleicht ein Auto. Aber man sah nicht, wie sie lebten. Das ging einen vielleicht auch nichts an. Sie hatten uns gezeigt, was sie können, und in unsere Bewunderung mischte sich Beklommenheit. Wir hatten ja keine Artisten gesehen, zu deren Wesen die Heimatlosigkeit gehört, sondern eine sehr fremde Art Menschen, dunkel und verschlossen, deren Virtuosität untrennbar mit ihrem Ort verbunden ist.

Auch in die Steppe dringen Veränderungen. Auch hier leuchten in der Nacht Satellitenschüsseln weiß über den geduckten Dächern – nicht viele, aber da und dort. Die Zentauren der Puszta aber kanns eigentlich nur hier geben, und irgendwann wird die Frage der Neuzeit gestellt werden: Wozu braucht man die? Und eine andere, lukrativere Verwendung wird den Experten einfallen für die alte Tiefebene des Stroms.

Nachts fahren wir noch einmal auf den Gellértberg, und die Donau trägt ihre strahlend hell beleuchteten Brücken wie etwas zu engen Schmuck. Déry fällt mir wieder ein mit seinem Bild von der nächtlichen Donau, die ihre Kais sprengt und die Brücken heimlich abwirft.

Wir hatten sie ja gesehen, in grauer Frühe, wie sie breit und mächtig auf Budapest zukommt und dann zusammengenommen und gezähmt und überspannt wird. Ihr eindrucksvollstes Geschmeide ist von der nächtlichen Höhe des Gellértberges aus gesehen die Kettenbrücke. Auf der Margaretheninsel am nächsten Tag haben sich Budapests Badelustige getroffen, ich sehe es voll Neid. Obwohl: Bah, da würden Sie reingehen?? fragt jemand auf dem Oberdeck unseres Schiffes, wo der kleine Pool freundlich schwabbelt, mit viel zu warmem Wasser, das einem aber immerhin eine seltsame Sensation verschafft, wenn man drin ist und das Schiff fährt. Im und auf dem Wasser gleichzeitig zu sein hat was Psychedelisches, es gibt sogar eine Jetstreamanlage in dem Schüsselchen.

Ja, antworte ich dem angeekelten Herrn, da würde ich reingehen. Sie tut mir nichts, das weiß ich genau.

Außerdem haben wir dauernd badende Leute gesehen, auf dem Weg durch ihre Wälder und Sandbänke, durch das schwarzgrüne und silberne Dickicht an ihren Ufern.

Budapest war der Umkehrpunkt der Donauwoche, und daß ich unbedingt hinein muß wird zum festen Vorsatz. Sonst war alles nichts. Es ist wie eine Taufe, gleichgültig, ob das jemand versteht.

Die Ausreise aus Budapest löst einen kleinen, ungenauen Schmerz aus. So viel hat sich geändert, das ist natürlich gut, aber ich habe die Inseln nicht mehr gesehen, diesen Archipel Vergangenheit. Mitsamt der Sprache, den Gesichtern, den Gesprächen, der merkwürdigen und schönen Gelassenheit, an der die Macht abgeperlt war, gleich, wer sie ausübte. Jetzt haben es alle eilig wie bei uns und sehen aus wie bei uns. Übriggeblieben sind erstaunlich viele der sichtbaren Verwundungen der Stadt. Aber auch die werden irgendwann verschwunden sein – ich dachte, sie seien es längst –, und dann wird niemand mehr fragen, wer da schuldig war, die aus dem Zweiten Weltkrieg oder die Unterdrücker von sechsundfünfzig.

Aus der Stadt hinaus trägt uns die *Donauprinzessin* zurück in eine der schönsten Flußlandschaften, die ich je gesehen habe. Wir sehen hinter den weißen Flußständen und grünen Hügeln Burgen auftauchen und wieder verschwinden, winzige Dörfer liegen am Ufer, und das Gekreisch von badenden Kindern und Gänsen hört man

bis aufs Schiff. Hoch oben liegt jetzt der Dom von Esztergom, das auch Gran heißt. Man sagt, der dem Petersdom
in Rom nachempfundene klassizistische Bau sei die
schönste Kirche Ungarns. Eine der größten ist sie gewiß,
und Franz Liszt schrieb zur Einweihung seine *Graner
Messe.* In der Sonne liegt vor uns ein sehr helles, festlich
wirkendes Gotteshaus, wie viele Kirchen zu mächtig für
den sie umgebenden, eher bescheidenen Ort, dem man
seine wilde Geschichte aus Staatsgründung, Schlachten
und Mongolensturm nicht mehr ansieht. Über die Donau streckt sich wie sehnsüchtig ein Brückenstück, ein
kupfergrüner Flügel, eine Schwinge, stehengelassen als
Mahnmal für den letzten Krieg. Hier könnte ich reingehen. Es ist lange her, daß ich in der Donau schwimmen
war – ich verschmähe hochnäsig die kleine Sandbucht
hinter dem Schiffsheck, so eine Kinderkuhle, in der ja jeder rumpaddeln kann. Ich gehe flußabwärts, ein Stück
nur, in Sichtweite des Schiffsbugs. Man paßt auf mich
auf, ich sehe kleine Figuren, die vom oberen Deck zu
mir hinunterspähen. Sie wollen der Donau niemanden
überlassen! Scharfkantige große Brocken lauern am Ufer
und versuchen mir die Füße kaputtzustoßen, eine schöne schiefe Ebene, tückisch nett mit Moos gepolstert,
erweist sich als granitharte Rutschbahn, die mir die
Beine wegzieht. Gottseidank sind die Rettungstruppen
oben auf dem Schiff so weit weg, daß sie mein ungelen-
kes, hilfloses Gezappel nicht genau sehen können. Ja, sie
zeigts mir, die Mama. Haut mir drahtartige Schling-

pflanzen um die Knöchel, pufft blaue Flecken auf die Schienbeine und reißt mich endlich flußabwärts, weg vom Schiff. Ich hab ihr nichts entgegenzusetzen. Ich schwimme, mit aller Kraft, ich habe keine Angst, natürlich nicht. Im Wasser, in ihrem Wasser hatte ich nie Angst. Ich schwimme und schwimme, aber sie bestimmt die Richtung. Das Wasser ist braun und weich, es riecht gut, es riecht wie damals. Irgendwann läßt sie mich gnädig an Land. Diesmal noch, sagt sie.

Die Prinzessin fährt nicht
nach Constanta

Wie wenig übrig ist von meiner Flußkarte, vier Felder nur bis zum Donaudelta, von Budapest aus gerechnet. Aber das Schiff fährt zur Zeit nicht dorthin. Und das Flußhandbuch wird für diesen Teil erst mal nicht nachgedruckt, sagt man mir. Die Reise bleibt Fragment, das muß vielleicht auch so sein.

Ich erinnere mich: Bukarest 1971, der rumänische Frühling. Es war meine erste Reise in ein östliches Land, eine Pressereise mit lauter so jungen Hähnchen und Hühnchen, die richtigen Journalisten hatten wohl keine Lust und ließen uns gnädig in die Welt hinaus riechen. Die Fluglinie hieß *Tarom*, es gab fettes, kaltes Essen und die Stewardessen lächelten nicht. Ich fand das klasse. Selbstbewußt. Keine Domestikenmentalität. Die hatten schon erreicht, wofür wir bei uns grade angefangen hatten, theoretisches und praktisches Rüstzeug zusammenzuklauben. Natürlich war das ein großes Durcheinander aus Frankfurter Schule und Brüder zur Sonne zur Freiheit – und nun die Wirklichkeit.

Ich fand Bukarest eine wunderbare Stadt, etwas grau

überhaucht, in der Nacht fegten Frauen die Straßen, und das Hotel Athenée Palace – später, viel später ein Schauplatz für die Orgien des Ceaucescu-Sohnes – glomm prachtvoll vor sich hin im Schein der Zwanzigwattbirnen. Es war überall entsetzlich heiß, das kannten wir aus dem verschwendungssüchtigen Kapitalismus nicht. Hier rissen wir die Fenster auf und wunderten uns über alles und gar nichts. Wie viele Minister es gab! Andauernd waren wir zu Empfängen bei Ministern eingeladen, Gott schütze unsere jugendlichen Lebern, die sich an warmen Zuica zum Frühstück gewöhnen mußten, eiskalten Champagner zu Mittag, schwere, ölige Brände aus Georgien, süße Dessertweine, wenig Wodka, wenn ich mich recht erinnere. Wir waren alle in einem Zustand trügerischer Wachheit. Nachts verließen wir das Hotel, um die Stadt zu entdecken. Und tatsächlich folgten uns Männer mit langen Mänteln und Hüten. Wir waren entzückt – ein Film, ganz für uns allein! Die Wirklichkeit konnte das ja nicht sein.

Bukarest liegt an einer Grenze. Die Donau ist die Grenze. Da, wo ich herkam, gehörten mir beide Ufer. Trotzdem war mir irgend etwas an Bukarest nur deswegen vertraut, weil es eine Donaustadt ist. Ich kann nicht sagen, was es war. Das Menschengemisch? Eine bestimmte Herbheit? Damals hatte Ceaucescu eine Menge Kreide gefressen – die Stadt hatte seinem Wahnsinnsbau noch nicht in großen Teilen weichen müssen, noch standen kleine Kirchen und Synagogen, schöne alte Häuser, das unschätzbare bürgerliche Erbe. Es gab natürlich einen Minister für Bauten, für Jagd, für Fischerei, für Tourismus, für Kultur, ach, es gab Hunderte von Ministern, wie mir schien, und alle ließen uns durch die Dolmetscher ausrichten, wie hoch sie die deutsche Baukunst, deutsche Jagd, Fischerei, Tourismus in Deutschland und nicht zuletzt die Kultur schätzten.

Auch den Deutschen in Rumänien brächte man zärtliche Aufmerksamkeit entgegen! Das fanden wir gut.

Bei zweien der Minister gab es Eisschwäne auf dem Kalten Buffet. Sowas hatte ich zuvor noch nie gesehen, Eisschwäne, die in ihren ausgehöhlten Rücken, zwischen Eisflügeln, dreierlei Sorten Kaviar in grauen und goldenen Haufen trugen. Leise tropfte es von ihren Schnäbeln herunter. Uns Sozialismus-Eleven war ganz zweierlei zumute. Nachts machten wir uns einen Spaß draus, den Mantelmännern auszubüchsen. Leute steckten uns Adressen zu, arme, abgerissene Leute. Manche sprachen ein komisches Deutsch.

Bei eich verdient jeder tausend Mark! sagte mir eine Frau, das habe ich nie vergessen.

Tausend Mark! Alles Reden über Wert oder Möglichkeiten von »Tausend Mark« blieb mir im Hals stecken. »Tausend Mark« – das war ein Xanadu, ein gelobtes unerreichbares Land. Jedenfalls bei dieser nächtlichen Begegnung.

Anderentags zeigte man uns das Verjüngungsinstitut der Anna Aslan, die damals noch lebte, eine akzeptable

Reklame für ihre Methoden darstellte – sie war irgendwo in den Achtzigern und sah aus wie in den Siebzigern –, ich erinnere mich an ein schönes Haus in einem Park, und »Tausend Mark« waren für die Verjüngungswilligen aus aller Welt eine eher lächerliche Summe. Überhaupt hatte der kurze rumänische Frühling Anfang der siebziger Jahre eine gewisse nonchalante Findigkeit im Einfangen von Devisen hervorgebracht Das Angeln einer Forelle war für fünf Dollar, das Schießen eines Bären oder eines Karpatenhirschs für mehrere tausend Dollar zu haben. Natürlich konnte man für wesentlich weniger Geld die schönsten Forellen zu essen kriegen – als Fremder –, aber die Freude am Selber-Umbringen will eben bezahlt sein. Das ist wahrscheinlich heute nicht viel anders – ob es noch einen Minister gibt, der festlegt, was ein Tier kostet, das ein Gast aus dem Westen unbedingt tot machen will? Der Markt wird es regeln.

Wir sind damals auf einem Ausflug auch ins Donaudelta gekommen. Ich erinnere mich an unglaublich viele Mücken, eine Landschaft, viel zu groß und unübersichtlich, als daß Politik ihr etwas anhaben könnte, Wälder aus Schilf, große Vögel. An fast nichts also, es hätte der Spreewald sein können.

Das Donaudelta ist das Land meiner Sehnsucht. Heute grenzen Rumänien, Moldavien und die Ukraine an die riesige Wasserlandschaft. Die stille Internationale der Ornithologen findet dort ein Gelobtes Land, das Gift, das einige Flußkilometer vorher immer mal wieder in den Strom gelangt, verteilt sich bis zu seiner verzweigten Auflösung, ist zu hoffen.

Die Theiß, der vorerst letzte gründliche Mordversuch, ist weit weg. Erinnert sich noch jemand an die riesigen Fische, deren Kadaver da mit Stangen herausgeholt wurden? Urzeitliche, herrliche Tiere, an deren Vorhandensein man nicht geglaubt hätte, ein lang verborgener Reichtum. Das heißt, die Fischer an Theiß und Donau wußten gewiß, welche tolle Beute in den Flüssen wohnte, und nahmen sich ihr Teil. Jetzt aber konnte es die ganze Welt sehen, und die Könige des Stroms waren ein Haufen stinkender Sondermüll.

Dies Kapitel ist gemacht aus sehr ferner Vergangenheit und hoffentlich naher Zukunft. Man braucht Pläne, um sich Enttäuschungen zu ersparen.

1937 ließ Lothar Günter Buchheim eine andere Art Boot zu Wasser als das, welches jedermann von ihm kennt – nämlich ein Paddelboot. Er hat sich ganz allein auf den Donauweg von Passau aus bis zum Schwarzen Meer gemacht, und aus dieser Fahrt wurde sein erster Roman, der 1939 bei S. Fischer mit großem Erfolg erschien. In der Neuausgabe von 1979 steht nicht ganz zu Unrecht, daß man selten ein deutsches Buch aus dieser Zeit ohne jede Änderung oder Streichung wieder erscheinen lassen könne. »Ich habe allerlei Vorstellungen von starkem Kaffee, Steppenvieh, Paprika, Wasserpfeife, Allah-ist-groß, Zigeunermusik, Ferkel am Spieß, Rosenfeldern, halbwilden Gebieten und hypermodernen

Hochhäusern zwischen patriarchalischen Holzhütten –, und nun will ich einmal nachschauen, was es damit auf sich hat.« Das ist jetzt weit über sechzig Jahre her, und nicht nur *der* Krieg hat den Balkan zerfetzt. Die danach mühsam zusammengehaltenen Stücke sind von neuem auseinandergerissen, die Brücken liegen zum Teil schon wieder und immer noch in der Donau – aber sollte mich jemand fragen, wonach ich Sehnsucht hätte, wäre meine Antwort dieselbe – bis auf ein paar rumänische, bulgarische und moldavische Dichter – die kämen noch dazu.

Bukarest, sagt Buchheim, sei ihm eher wie Detroit oder Michigan erschienen in seiner Mischung aus Marodem und entschlossener Modernität. Knapp vierzig Jahre später war, so schien mir, diese Modernität ein bißchen eingestaubt, da halfen auch die stummen Frauen nicht, die nachts die Straßen fegten.

»Bukarest ist ja nicht Rumänien«, läßt Buchheim einen sagen, dem er auf seinen Landgängen begegnet ist, »Bukarest ist das blankpolierte Aushängeschild. Für das Land ist Bukarest die große Autorität, alles, was von dort kommt, ist mit einem Heiligenschein versehen. In Bukarest hat man für das Land nur ein Naserümpfen.«

Ein rumänischer Dichter erzählt mir eine Geschichte, es ist nicht lang her: »Wenn ein Bauer keine Kuh hat, aber sein Nachbar hat eine, ein rumänischer Bauer, verstehst du? Und es kommt eine Fee zu dem Bauern ohne Kuh, was meinst du, was der sich wünscht? Nicht etwa auch eine Kuh oder zwei – er wünscht sich von der Fee, daß die Kuh des Nachbarn stirbt.«

Es ist ein großartiger rumänischer Dichter, der mir diese Geschichte erzählt, aber er wird mit ihr nicht gedruckt sein wollen.

Drei Ernten hatten wir im Jahr, sagt eine ältere rumänische Übersetzerin, es war, noch während des Zweiten Weltkriegs, ein Gelobtes Land, Kornkammer, Überfluß, gewachsen auf fetten Böden. Und dann haben sie die Ernte auf dem Halm verbrannt und nicht nur einmal, damit sie Erfüllung des Plans melden konnten!

Ja, indessen glauben wir solche Geschichten und halten sie nicht mehr für böse Propaganda wie damals, als wir noch Kinder waren. Eigentlich hatten wir schon früher den Weg zwischen Eisschwänen voll Kaviar und alten Frauen, die keine Schuhe an den Füßen hatten, nicht recht finden können. Wenn wir das aber sagten, wurden unsere Freunde böse – die seßhaften Freunde. Seßhaftigkeit ist sehr gut für eine ordentliche politische Haltung. Man darf sich durch Augenschein nicht irremachen lassen.

Was aber blieb, jenseits politischer und ideologischer Wankelmütigkeit – jedenfalls war und ist das bei mir so: die Sehnsucht nach dem Wilden, dem Ungeregelten, dem Ungezähmten. Je langsamer und träger die Donau wird, müde von ihrem langen Weg, ausruhend in der ungarischen Tiefebene und ihren Verzweigungen – desto wilder und heftiger geht es an ihren Ufern zu. Auf der einen Seite liegen nach aktuellem Stand: Ungarn, Jugoslawien – also die Wojwodina –, Rumänien, Moldavien und die Ukraine, auf der anderen Kroatien, Serbien, Bulgarien und Rumänien. Namen, die man aus den täglichen Schreckensnachrichten noch im Ohr hat: Vukovar drüben, Novi Sad hüben. Namen, von denen man aus Büchern weiß, daß sich ungeahnte Schönheit hinter ihnen verbirgt: Golubac, die riesige Donauburg. Ruse, das Barockjuwel am bulgarischen Ufer. So viele Köder, die am Ufer liegen!

Nicht mehr unerreichbar, aber einfach ist es immer noch nicht. Es gab ein paar herrliche und süchtig machende Filmberichte über diesen Teil der Donau, aber der Zauber wurde immer wieder durch die sture Dämlichkeit gebrochen, mit der die Reisenden gezwungen waren, die Rolle des Stroms als Grenze am stärksten zu beachten.

Buchheim, der einsame Donaupaddler, schreibt – 1939 erschienen! Man muß es noch einmal betonen! –: »Belgrad will nicht zurückbleiben, es will den Vorsprung der westeuropäischen Staaten aufholen. Das Land will nicht als ein exotisches, zurückgebliebenes halb wildes Gebiet in den Vorstellungen anderer Völker bestehen bleiben, es will einem Volk, das mehr an das Blut als an die Tinte glaubt, in kurzer Zeit neue Lebensbedingungen geben. Das Gesicht dieser Nation ist nicht schön. Es ist von Narben entstellt. Haß, Freiheitsdrang, Empörung und erbitterte Kämpfe haben Runen darin eingezeichnet.

Ein unerbittliches, strenges Gesicht. Die Augen blicken hart in die Zukunft.«

Das Schlimmste, wir wissen es, hatten sie noch vor sich, weswegen sich seit damals hierzulande mit Fug keiner mehr über den Mangel an Schönheit im Gesicht anderer Nationen äußern mag.

In Belgrad bin ich bis heute nicht gewesen, aber in Sofia, kurz nach der stillsten all dieser Revolutionen. Einige Kollegen und ich waren eingeladen zu einer jener Podiumsdiskussionen, deren Thema meistens schnell vergessen wird und deren Funktion eigentlich die Zusammenführung jener bezugslosen Monaden namens Schriftsteller ist. Gelegentlich schreit nämlich jeder mal aus seinem Papierschiffchen heraus: »Wo seid ihr? Wo bin ich?« – vor allem von Ost nach West und von West nach Ost gab es ein beständiges Rufen. Nicht immer waren die Antworten verständlich. Aber wichtig schon. Und damit das Kind einen Namen hat, gibt es Kongresse und Treffen und eben Podiumsdiskussionen: *Die Rolle der Literatur in der Situation des Umbruchs* kann man sowas nennen oder vielleicht *Hat die Literatur noch einen politischen Auftrag? Verlust der Sprache* wird auch gern genommen, darüber läßt sich endlos reden. (»Der Beruf des Dichters ist genauso rentabel / wie eine Bisonjagd«, sagt Mircea Dinescu).

Die bulgarischen Kolleginnen und Kollegen sprachen in jenem wunderbar getragenen, selbstgewissen Ton, den die Dichter im Osten haben, weil ihr Volk sie liebt und bewundert. Vielleicht bleibt das noch ein bißchen, es wäre zu wünschen.

Am nächsten Tag nahm mich die Filmemacherin S. an die Hand, eine Deutsche mit einer großen und unermüdlichen Liebe zum Land Bulgarien. Das Lenin-Standbild leuchtete in allen Farben, als hätte man sämtliche Ölfarbeneimer des Landes über ihm ausgegossen. Blaue Tränen rannen ihm in den Bart. Am Regierungsgebäude war ein Brandfleck zu sehen.

Nicht einmal genug Streichhölzer gibt es! sagte S.

Wir gingen ins Haus der Schriftsteller, einen jener Clubs, auf die unsereiner immer so neidisch war. Es gab hauchdünne Scheibchen von Gurke und Tomate zu essen, zu trinken im ganzen Land nur eine gelbe Flüssigkeit, die nach aufgelösten Vitamintabletten schmeckte. Das Wetter war herrlich. Auf den Straßen und Plätzen saßen die Menschen in Scharen, und in den Cafés reichten die Stühle nicht aus. Alle, alle hatten Gläser mit diesem gelben Zeug vor sich stehen. Es gab kein Wasser, keinen Kaffee, keinen Tee. Es gab kein Öl, kein Fleisch, kein Salz. S. und M., ihr Mann, brachten Seife mit und Shampoo, Kerzen und Zündhölzer und noch tausend Sachen. Im Goetheinstitut waren sie stolz auf ein Buffet mit allerlei schönen Dingen aus Hühnern, die über schwierige und dunkle Kanäle den Weg ins Institut gefunden hatten. Dieses kleine Paradies hatte sich sehr schnell nicht nur unter den Dichtern, sondern auch unter den Katzen der Stadt herumgesprochen. Beide kamen zahlreich. S. zeigte mir die Moscheen und Synagogen, die Boulevards und Kirchen der fremdartigen Stadt Sofia mit den kyrillischen Schildern. An eine kleine Kirche im Souterrain erinnere ich mich genau, sie war voll von murmelnden schwarzen Frauen und hatte den braungoldenen Geruch orthodoxer Kirchen. Im Dimitroffmausoleum war kein Dimitroff mehr, jedenfalls sagte man uns das. Wie heißt es bei Buchheim? Man wolle endlich mehr an Tinte glauben in diesen Ländern als an Blut. Es ist derzeit noch ein bißchen Weihwasser dazugekommen, aber auch in der schwärzesten Tinte wird in den Ländern der Donau ein bißchen Blut zu finden sein. Das ist im Wasser dieses Stroms ja auch, sie spült es ins Schwarze Meer, die Mama, auf tausendfach gewundenen Wegen, durch ihre Adern im Delta, die niemand ganz kennt. Irgendwann werde ich dorthin gehen. Ich weiß, daß sie wartet.

Eva Demski
Lesbos
Sappho und ihre Insel

128 Seiten. Gebunden
ISBN 3-89561-573-0

»Eva Demski spricht von der ›Kühle und Frische
der sapphischen Sprache‹, und ihre eigenen
Übersetzungen der Fragmente dieser ›zehnten Muse‹,
die sie in ihr Buch einstreut, treffen sehr genau
die originale Einfachheit, in der sich das
Geheimnis höchster Kunst verbirgt. Auch der Insel
wird Eva Demskis Schilderung
auf bewundernswerte Weise gerecht.«
Albert von Schirnding
Süddeutsche Zeitung

»Nur mit Sehnsucht und Melancholie kann man
von diesem Buch Abschied nehmen.«
Christina Darchini
Südkurier

Schöffling & Co.

Eva Demski
Venedig – Salon der Welt
Achtzehn Stücke mit Begleitung
128 Seiten. Gebunden
ISBN 3-89561-546-3

»Ich wüßte nicht, wie die kalkulierte Ausgewogen-
heit und Differenziertheit dieses Schreibens übertroffen
werden könnten, die Behutsamkeit der sprachlichen
Annäherung an Geheimnis und Zauber der Stadt,
die Intonation der erfahrenen Stimmungen,
die nie in eine fatale Gefühligkeit geschwätzigen
Schwärmens abrutscht. Wer noch die Ruhe und Kon-
zentration aufbringt, die Nuancen aufzuspüren, die in
den ebenso kunstvoll wie ungekünstelt-locker gefügten
Satzpassagen gehortet sind, für den gibt es hier
viel zu entdecken und auszukosten.«
Karl Otto Conrady
Radio Bremen

»Ich kann mich nicht erinnern, verführerischere,
einladendere Reiseessays gelesen zu haben
als diese Venedigskizzen von Eva Demski. […]
Eva Demski hat Venedig neu entdeckt und
aufs Papier gebannt – obwohl doch alles längst
entdeckt schien. Ihr Buch wird bleiben.«
Joseph Berlinger
Mittelbayerische Zeitung

Schöffling & Co.

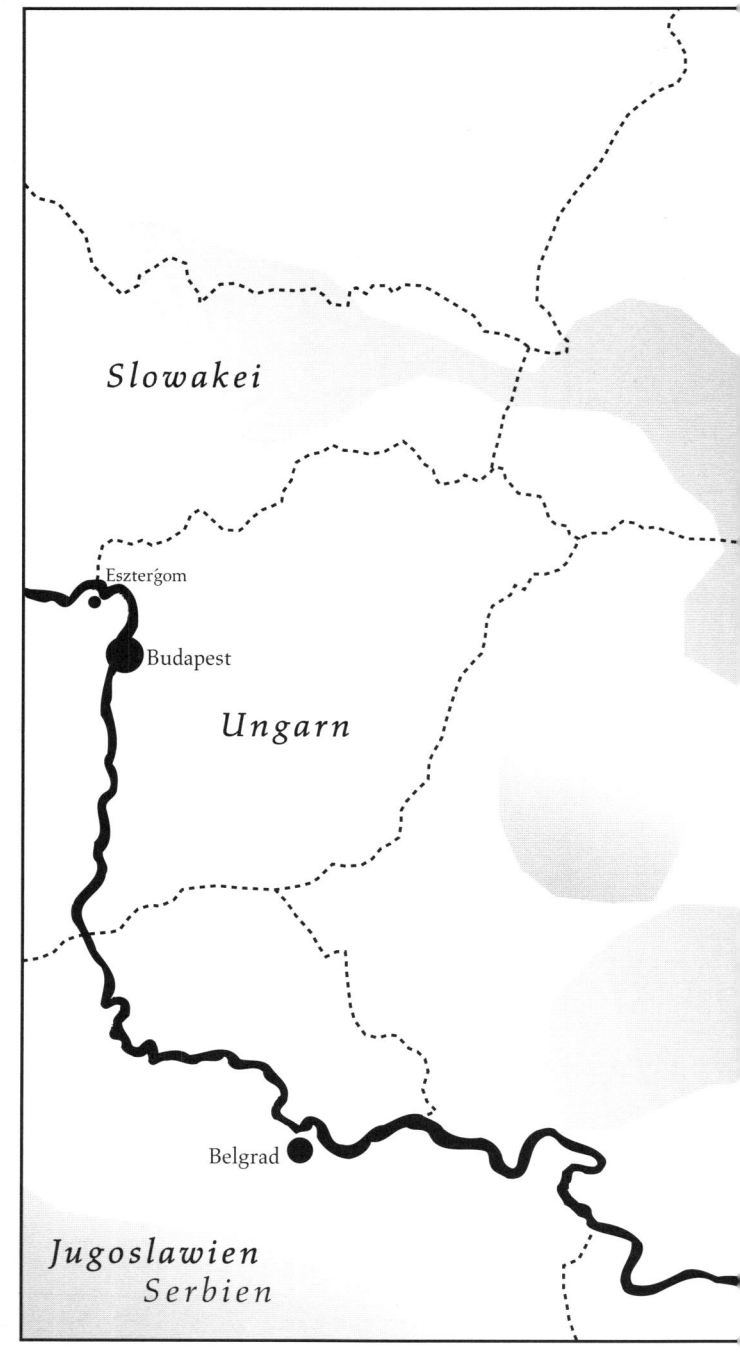